生活需要高级感

小野 / 著

天津出版传媒集团

天津人民出版社

图书在版编目（CIP）数据

生活需要高级感 / 小野著. -- 天津：天津人民出版社, 2019.9（2022.4重印）

ISBN 978-7-201-15163-2

Ⅰ.①生… Ⅱ.①小… Ⅲ.①散文集 – 中国 – 当代 Ⅳ.①I267

中国版本图书馆CIP数据核字(2019)第170096号

生 活 需 要 高 级 感
SHENGHUO XUYAO GAOJIGAN

小野　著

出　　　版　天津人民出版社
出 版 人　刘　庆
地　　　址　天津市和平区西康路35号康岳大厦
邮政编码　300051
邮购电话　（022）23332469
电子信箱　reader@tjrmcbs.com

责任编辑　玮丽斯
监　　制　黄 利　万 夏
特约编辑　路思维
营销支持　曹莉丽
装帧设计　紫图装帧

制版印刷　艺堂印刷（天津）有限公司
经　　销　新华书店
开　　本　880毫米×1230毫米　1/32
印　　张　6.25
字　　数　75千字
版次印次　2019年9月第1版　2022年4月第4次印刷
定　　价　49.90元

声明：本书封面插图取自花瓣网，经多方查找尚未联系到原作者，敬请原作者与我司联系，我司定会支付相应稿酬。

人的一生本来就是我们自己不断
寻找答案的过程，
只有出发，才能抵达。

Contents 目录

Chapter 01

人生 高级感的

高级感的

Chapter 02

生活

高 级 感 的

情 绪　Chapter

03

Chapter

04

高级感的

职场

高级感的

未来

Chapter

05

高级感的人生

Chapter 01

别害怕：
任何人的最终归宿，都是自己

　　我家附近僻静小街的街角处有家饺子馆，老板大叔看起来 50 多岁，独自一人经营着小店，将店里打理得井井有条。最主要的是，他家的饺子薄皮大馅、鲜香可口。第一次去这家店时，我有一种自己是"孤独的美食家"的感觉。后来，尤其是冬天，我经常光顾这家店，渐渐成了熟客。

　　大叔从不与我攀谈闲聊，只是低着头默默地做事，每次不等我自己起身拿餐具，他就已准备好碗筷醋碟，并且用双手捧着放到我面前，然后心满意足地离开，继续去做自己的事情。想必，这就是一个比较害羞的老板对熟客的热情招待了。

我偶尔会对老板的生活感到好奇，但也不想做一个八卦且话多的食客。当饺子的鲜香氤氲在店里热腾腾的空气里，我想起了小林聪美主演的电影《海鸥食堂》。

日本中年女子幸江，在芬兰的首都赫尔辛基的一个街角开了家海鸥食堂。没有客人光顾的日子里，幸江依然自如地度过每一天：去市场购物，把小店里的桌椅擦得一尘不染，打烊后去游泳，晚上专注地练习合气道。当被问起为什么会开海鸥食堂，幸江笑着说："只是不想做自己不喜欢的事。"

一个人内心的笃定和安宁大多来自这种状态。世界上所谓的"成功"有千万种，最实在的成功却只有一种，那就是按照自己喜欢的方式过一生。因为我们每个人最终的归宿都是自己，陪我们走过漫漫人生道路的那个人，也只能是自己。而以自己喜欢的方式过一生，就是一个人悦纳自己且爱自己的终极表现。

一个人只有处理好与自己的关系，才能处理好与外界的关系。任何关系的最终归宿，也是如何对待自己。

不要为了迎合别人而勉强自己去做不喜欢的事情，不要为了得到别人的肯定而奉献自己的全部休息时间，不要因为别人的某个眼神或某句话而坐立不安，更不要把自己的快乐建立在别人的快乐之上。因为这样的你，不是真正地快乐。

你可以努力地去做一个孝顺的儿女，你可以坚强地去做一个超人般的父母，你可以包容地去做一个暖心的朋友，你也可以拼命去做一个满分员工或满分 leader（领导）……但是，在成为所有这些角色之前，请先做一个发自内心快乐的自己。因为这是你能扮演好其他角色的根本。

赫尔曼·黑塞曾在《德米安》中发出这样的感叹："在世上，最让人畏惧的恰恰是通向自己的道路。"很多时候，我们唯一缺乏的就是面对自己的勇气。只有面对自己，才

在成为所有这些角色之前，请先做一个发自内心快乐的自己。
因为这是你能扮演好其他角色的根本。

能看清自己，看清自己的所有：优点和缺点，喜欢的和不喜欢的，珍视的和鄙夷的。有了坦诚面对自己的勇气，才能在与自己的相处中生出自我的智慧。

我们这一生，除了要见天地，见众生，最终要遇见的还是自己。因为只有我们自己知道自己是谁。只有我们自己能决定自己的样子。尽管通往自己的路，或崎岖难行，或曲折盘绕，我们常常会站在分岔路口不知所措，有时候甚至迷失了自己，走错了路，又回到起点重新开始。但是，只要内心笃定，就不会像那随风飘零的落叶，在半空中盘旋、颤抖、翻滚，总也找不到属于自己命运之路的方向。最终决定你能走多远、能过什么样生活的，是你自己。

白落梅在《你若安好，便是晴天》中曾说："终于明白，有些路，只能一个人走。那些邀约好同行的人，一起相伴雨季，走过年华，但有一天终究会在某个渡口离散。红尘陌上，独自行走，绿萝拂过衣襟，青云打湿诺言。山和水可以两两相忘，日与月可以毫无瓜葛。那时候，只一个人的浮世清欢，一个人的细水长流。"

　　无论现在是否有人陪在你身边，或早或晚，人生总要独自前行，独自走完剩下的路，人人如此。但是，并不是所有人都能活出精彩的自我。只有那些不惧怕孤独并善用孤独的人，才能把握独自前行的人生力量。一个人，便能活得像一支队伍，内心深处自带热度，永远不会从别人身上寻找安全感。

　　所以，别害怕一个人走，请勇敢些，然后像爱你爱的人一样去爱自己。要敢于面对自己，坦诚地面对自己的需求，然后努力活成自己想要的样子，纵使经历了生活的摸爬滚打，笑到最后的却是已经坚不可摧的自己。

别懒惰：越自律，越高级

康德说：假如我们像动物一样，听从欲望，逃避痛苦，我们并不是真的自由，因为我们成了欲望和冲动的奴隶：我们不是在选择，而是在服从。

然而，有太多人错把听从欲望当作听从自己内心的声音，错把不敢直面痛苦当作不做自己不喜欢的事。聪明反被聪明误。他们忽略了，过上自己想要的悠闲而惬意的生活，不做自己不喜欢的事情，这本身就是需要我们费好大力气才能达到的高级生活。正所谓，没有懒洋洋的自由，

让自己自律起来，
宇宙中所有的好事情都会朝你的方向走来，
生活就会变得超乎你的想象。

也没有毫不费力的成功。思想上投机取巧，行动上消极懒惰，你还期待什么被生活温柔地对待呢？现实的滚滚天雷早已在赶来劈你的路上。

在欲望和痛苦面前，自律可以让我们摆脱低级欲望的束缚，达到真正的自由境界。越自律，越高级。让自己自律起来，宇宙中所有的好事情都会朝你的方向走来，生活就会变得超乎你的想象。

已经获奖无数、作品被翻译成多国语言的村上春树，至今仍然雷打不动地坚持着每天跑步和写作。于他来说，跑步是一种身心得以放空和休憩的方式，也是为写作积蓄能量和灵感的加油方式。

然而，令我们想象不到的是，在坚持跑步之前，村上在三十多岁的时候，也过着昼夜颠倒、烟酒不离手、赘肉缠身的生活。到了 33 岁，村上开始坚持每天跑步，生活才变得有规律，每天凌晨 4 点起床，写作五六个小时，跑10 公里（后来改为上午 9 点到 10 点，结束工作后跑一个小时），此外他还成功地戒了烟，改掉了每天抽 60 支烟的习惯，腰间的赘肉也消失得无影无踪。告别了懒惰，曾经的油腻大叔不见了。

开始跑步以后，村上把跑步作为自己生命的本能来坚持："就好似蝎子天生要蜇人，蝉天生要死叮着树一般；又好比鲑鱼注定要回到它出生的河流，一对野鸭子注定要相互追求一样。"同样的，每天写 10 页小说，也是靠每天打卡考勤般的坚持。即使不写小说，村上也会坚持每天写随笔或翻译文章。因为他说：活着，就意味着必须要做点什么。如今的村上，年年参加世界级马拉松比赛，作品被翻译为多国语言，全世界各个角落都有他的读者。哪怕已经 70 岁，村上仍然保持着普通老年人罕有的少年感。

同样坚持跑步的张钧甯说过："跑步也好，人生也好，只要再多踏出一步就好。以前是用腿跑步，现在才懂，跑步其实是靠脑袋指挥。"她从一开始就知道自己想要什么，想要当一个好演员，需要一副强健的体格，让自己的身体可以负荷相应的工作量；想要展现出自己优雅完美的一面，就要练好自己的体形。所谓"永远 18 岁少女"的称赞都是她每天一步一步跑出来的。

我们难以做到自律，容易向懒惰投降的罪魁祸首往往是迷失了方向，忘记了自己到底想要什么。当你觉得坚持很难，快要被欲望俘虏的时候，不要急于看终点，而是要把握好眼前的事物。

不妨再坚持一下，再多走一步，专注于当下，认真地走好每一步。要知道，好习惯的养成总是要付出代价的，改变的开始总是痛苦的。

"重复成习惯，习惯成自然，自然成个性，个性成命运。"如果你每天坚持比别人多努力一点，多看一些书，多跑几步，你就有可能比别人多一点成就。

15岁时，你觉得弹吉他太难，按和弦的手指太疼，放弃学吉他；20岁时，你喜欢的女孩被一个会弹着吉他表白的人追走了。上大学，终于熬过高考关的你，懒得再花时间背单词、学语法；毕业找工作时，你却发现很多心仪的工作都要求有雅思或托福证书。进入职场后，老板要把你借调到外地，你觉得外地太远，吃不了苦，拒绝了老板的安排；几年后，那个代替你借调过去的同事已经成了区域总经理……别小看惰性这种东西，它能让你失去的不只是机遇，还有未来的价值。

最后，我想以日本殿堂级设计大师山本耀司的一段话作为结尾："我从来不相信什么懒洋洋的自由，我向往的自由是通过勤奋和努力实现的更广阔的人生，那样的自由才是珍贵的、有价值的；我相信一万小时定律，我从来不相信天上掉馅饼的灵感和坐等的成就。做一个自由又自律的人，靠势必实现的决心认真地活着。"

别迎合: 学会说不

看过花语故事的人都知道水仙花的来历: 每天沉醉于湖面上映出英俊面容的少年不幸溺亡, 变成了湖边的一朵水仙花, 于是水仙花便有了"自恋"的花语。

也许, 很少有人知道, 王尔德还为这个故事写了后续: 因为水仙少年的逝去, 湖泊整日哭泣, 一个淡水湖变成了咸水湖。山林女神说, 我们都未正面见过水仙少年, 只有你见过他的美貌; 可是湖泊却说, 我为水仙少年流泪, 是因为我能从他的眼睛深处看到自己的美丽映象。湖泊对自己的认知竟然全部来自水仙少年的眼睛。

全然活在别人的眼光或评价中，每天那么努力，却是在迎合着别人眼中那个完美的自己，你是否就是这样生活的？

一味地迎合别人，失去了心中的方寸与原则，迷失了自我，日子过得无趣，便没了精气神，更何谈成长与改变？一个心智成熟的人，一个真正高情商的人，从来不会为了迎合别人而委曲求全。用自己的不舒服换来对方的舒服，这绝不是高情商的体现，这样的迎合是廉价且不高级的。

现实中，很多人都是迎合哲学的拥趸，他们信奉迎合别人就是自己圆滑处世的表现；迎合意味着融入圈子，那样的自己看起来似乎左右逢源、被别人重视。

小时候，为了讨大人的喜欢，迎合大人们的要求，削掉自己的棱角，忽略自己的独特个性，拼命成为大人口中"别人家的孩子"；上学时，为了迎合老师的喜欢，把自己训练成考试机器，一切都为了学习成绩；和朋友在一起时，为了拥有更多的朋友，处处迎合别人；谈恋爱时，总是迎合恋人的口味，觉得自己付出了那么多，他应该更爱你；结婚后，更是围着另一半和孩子转，不断迎合他们的要求，把自己的需求摆在最后；职场上，随时迎合领导的偏好，圆滑做事，似乎春风得意……

这些迎合别人的行为，看似带来的都是好事。但是，到底是不是真正的好，只有自己知道。小时候，迎合大人们的要求，却丢失了纯真和快乐，结果终其一生都在寻找童年的那份简单的快乐；上学时，得到了老师的喜爱，学习却成了一种任务和负担，忘记了自己学习知识究竟是为了什么，而在余下的人生中都厌恶学习、厌恶知识；迎合朋友，朋友想做什么你都陪着做，哪怕自己很不情愿，总有一天内心不被满足的情绪会爆发；迎合恋人、伴侣或孩子，慢慢地，他们会把你的付出当作理所当然，甚至有时候会不尊重你；职场上，一味地迎合领导，缺乏独立处理问题的勇气和魄力，就只能当一颗螺丝钉，永远把握不了自己人生的方向盘……

用自己的不舒服换来对方的舒服，
这绝不是高情商的体现，
这样的迎合是廉价且不高级的。

一个人只有在内心不笃定、不知道自己想要什么的时候，才会活在别人的评价体系里，才会变得容易妥协。

如果想要摆脱迎合别人的被动局面，想要自己把握自己的人生，首先要去遇见那个未知的自己。每时每刻都要保持一颗对自己敏感的心，学会觉知内在的自我。找到内心深处真正的自己，就等于找到了自己想要的到底是什么。一旦获得了自我觉知的力量，面对与自己内心的方寸和原则冲突的事情或人，你就会勇敢地说出"不"。哪怕拒绝别人会让你短时间内觉得无所适从，但是一段时间过去后，你绝不会后悔当初的拒绝和坚守。

满身"不合时宜"的苏东坡，一身豪情才华，受人爱戴，甚至被皇太后赏识。只要稍作迎合，他就可以借着大树好乘凉，可是苏东坡选择坚守自我内在的本性，从不刻意追求政坛名望，纵使经历宦海沉浮，仍能随遇而安，人间有味是清欢。他不仅文学成就非凡，在书法上也是造诣颇深，黄庭坚曾称赞他的字"本朝善书，东坡当推为第一"。

　　所以，千万不要为了和别人打成一片而染上抽烟喝酒的坏习惯；千万不要为了讨好甲方而无底线地让步；千万不要因为喜欢一个人而改变自己原本的喜好……除非，这些改变是你发自内心想要做出的，是出于自己的喜欢。不然真没必要为了迎合别人，而委屈了自己。如果不喜欢，你大可以说不。人生的方向盘就在你的手中，这一条路走不通，还有另外的很多条路可以走。

　　不管怎样，请你多听听自己内心的声音。不要为了迎合别人，强行把自己变成自己不喜欢的样子。

别迷茫:
不迷茫,不依附,才是该有的生活态度

"我如果爱你——绝不像攀缘的凌霄花,借你的高枝炫耀自己。"

这是舒婷的诗《致橡树》的开头。有很多诗评家评论这首诗为当时新时代女性独立自尊意识觉醒的象征。好的爱情不是雪中送炭,而是锦上添花。其实不只是那个时代,不只是爱情,亦不仅限于女性,一个人必须是独立的、完整的,才能走得更远、爬得更高,才会遇见更美丽

的风景。否则，真的会像凌霄花一样，能够爬多高、走多远，完全取决于其依附的墙垣或树枝。

我有一位做心理治疗师的朋友，彼此都有时间的时候经常约饭。与其说是约饭，不如说是互相倾诉，互相倾听。我们彼此开玩笑，他说我是心理治疗师的心理治疗师，毕竟心理治疗师也是需要分享和被倾听的。

有一次，听他讲起一个令他很困惑的发现：前来找他咨询或求助的人中，有很多是感情遭遇挫折的女性，她们往往会因此而得焦虑症甚至是抑郁症。而这些人担心得最多的问题，要么是我不知道以后一个人生活要做些什么，要么是我觉得自己什么都不会做，又或者是我害怕面对独自解决所有问题的未来……

恋爱时，有多依赖对方；分手后，身心面对的挫败感和无力感就有多沉重。跟这些女性聊得再深入些，我这位朋友发现，在投入恋爱之前，她们其实也看书、旅行，也曾在某个领域拥有自己的天赋和实力。

想要毁掉一个女孩，就从让她无限依赖你开始。然

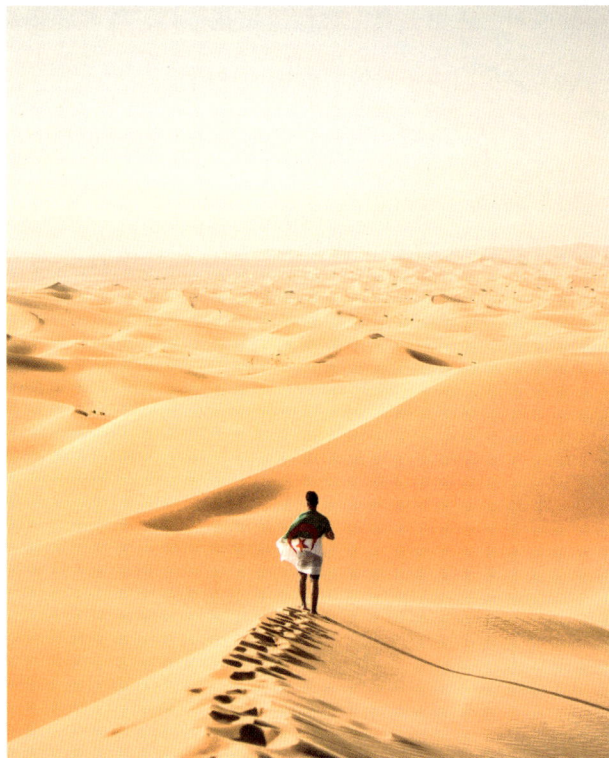

自由是独立，
不依附，不恐惧。

而，无论是少女漫、偶像剧，还是那些在朋友圈被转来转去的文章，都在告诉我们：会撒娇的女人才好命。似乎现实在告诉女孩们，有一个无限度宠溺你的人爱着你，这才是幸福。

终于不用再为了让自己有一个安稳的未来而奔波劳累，余生皆假期，比起独自经历九九八十一难才能实现的未来，谁会放着那条又容易又快的捷径不走呢？

然而，现实中，选了捷径并一直幸福地走完后半生的人少之又少。一个人完全依附于另一个人，这种亲密关系本身就是病态的。而在一段健康的亲密关系中，双方都是独立平等的，朝着同一个方向前进。累了，可以彼此依靠；压力大了，那就背靠背地彼此支撑。而非一个人完全依附于另一个人，将所有的问题和压力推给对方来面对和消化。很多爱情或婚姻都是葬身于此。

对自己来说，依附于别人生活是对自己作为独立个体的极大不尊重。每个人都是一个独立的个体，我们是完全属于自己的，而不是别人的某某某。上面那些女孩，在谈恋爱或进入婚姻之前，也过着不断提升自己的生活；可是一旦陷入一段亲密关系后，就会变得患得患失，完全失去了自我，最终被另一半厌烦。为什么不能时时刻刻都保持对自己的正确认知呢？正确地认清自己，坚持自己的追求，在风雨前行的路上，找一个向着同一方向走的人互相陪伴。唯有这样，才能不再患得患失，不会害怕失去，因为你有一个强大的自我。

美国前第一夫人米歇尔·奥巴马在她的自传《成为》里，写到究竟是什么让米歇尔成为米歇尔。从一个普通的黑人家庭进入常春藤名校，进入最有名的律师事务所，然后一跃成为第一夫人。其间，她也面临从职场女性到职场妈妈的角色转变和挣扎，也经历丈夫奥巴马参加竞选。她深深明白，丈夫奥巴马非凡的才智和雄心可能会吞掉自己的才智和雄心，而让自己失去自我追寻的平衡感。一步步走到现在，米歇尔也曾像你我一样，有过惶恐，也有过自我怀疑。

但是，这个从芝加哥走向白宫的黑人女孩，一路走来从未停止过自我探索，从未忘记过追求自己内心所向往的东西。她积极上进，有想法有主见，坦率真诚，最终活出了自我，成了拥有更多可能性的自己。

米歇尔在书中说，"成为"应该是一种前进的状态，一种进化的方式，一种不断朝着更完美的自我奋斗的途径，这条道路没有终点。这句话与克里希那穆提说过的一句话有异曲同工之妙："自由是独立，不依附，不恐惧。"

对生活不迷茫，不依附于任何性质的权威，内心就不会恐惧，而是充满坚定的力量。这才是我们该有的生活态度。

别比较：
世界上最可怕的生物，是"别人"

L'enfer, c'est les autres.

（他人即地狱。）

萨特在他的小说《禁闭》中如是说。小说讲述了四个魂灵坠入地狱，等待他们的不是刀山火海，不是残酷刑罚，而是一间封闭的密室。密室里的灯永远亮着，刀子锋利却永远杀不了魂灵。因此，每个魂灵不论做什么都不得不在别人的眼皮底下完成。

之所以出现"他人即地狱"的论调，是因为别人的眼光永远会左右你的选择。只要有他人在，谁都无法做出完全忠于自我的自由选择，更关心怎么做才能比别人做得更好，而非自己为什么要这么做。

比较或者竞争是资本家或权力拥有者爱玩的把戏，因为通过比较和竞争机制，能促使手下的螺丝钉们更投入地工作。员工更卖力地工作换来的，便是业绩的提升和资本的增加。或者有些父母或老师，总是对孩子说别的孩子有多好，无疑也是想让自己的孩子学习更努力更好，从来没有人试图问过："你的目标是什么？你想要过什么样的生活？这样的生活你喜欢吗？"——这就是比较的可怕之处。我们所谓的"目标明确"，只不过是瞄准了别人的目标，努力比别人做得更好。一直活在比较的假象世界里，以至于自己本来为了什么而"努力"，似乎早已忘记了。

有一学僧道岫，一心向佛，但是他在寺庙苦心修行十多年却一直未开悟。眼见师弟们一个个开悟、受戒，道岫心中生出了放弃的念头，他宁愿去做一个江湖吟游的苦行僧。当他与广圉禅师道别时，说："我每天除了吃饭、睡觉之外，将全部时间与精力都花在参禅悟道上了，这么用功还是不能开悟，而师弟们一个个都出师了，跟他们一比，我就像一只小麻雀见到了大鹏展翅的大鸟，常常自惭形秽。我和禅可能无缘吧。"而广圉禅师的回答让道岫放弃了离开的念头，他说："别人有别人的境界，为什么非要以别人的境界来修行自己？是的，大鹏鸟轻轻一振翅，就能飞出了几百里；而小麻雀不管怎么努力都只能飞出几丈。纵使如此，佛法无边，大鹏鸟就算飞出几百里，也未能超越生死界限啊！"于是，道岫收回行囊，不再与他人比较，而是耐心修行，等待开悟。

每个人都是独一无二的存在，每个人都有自己独特的生命轨迹；总是看见别人的成功，就会自乱阵脚，迷失方向，忘记自己本来的人生使命。兜兜转转，到头来，还是要按照自己的生命轨迹走下去，去实现属于自己的那份成功。

比较还有一个可怕之处，那就是没有人会享受单纯地

每个人都有自己独特的生命轨迹，
总是看见别人的成功，就会自乱阵脚，迷失方向，
忘记自己本来的人生使命。

与别人比较这个过程。为了比较而比较，去别人的人生坐标系里找自己的定位，当然是徒劳无功。把所有力气都花在与别人一争高下上，就算是赢了，也只能快乐一时；但是为了自己的目标努力，就会全身心投入其中，很有成就感。哪怕成功的过程很困难，努力的过程也是开心的，这样的快乐才是发自内心的。

R 一直是朋友圈里的传奇人物，他自幼聪慧过人，智商超高，能在分分钟内解开奥数难题，常常让老师震惊得一脸不可思议的表情。R 的家底也很殷实，他的父亲经营着一家高端会计事务所，随时准备让 R 当接班人。这简直就是入江直树的现实版人生。我们本来以为 R 会按照父母早已为他规划好的，去国外读个金融硕士，然后回来继承父亲的公司。没想到 R 自己偷偷换了专业，转头去康奈尔大学修读了农科专业。毕业后，他留在了国外，当起了农场主。

R 的父母虽然不反对但也并不支持。面对父母的疑虑，R 说："从小到大，父母总是替我规划好一切。尽管我已经足够努力让自己变优秀，父母还是会拿我跟更优秀的人比较。不自觉中，我也会拿自己去跟别人比较，比较的结果是我常常被焦虑的情绪左右。我想，与其随波逐流地比来比去，不如去做自己真心喜欢做的事情，去享受奋斗的过程，全身心投入，体验那种成就感，让自己笑得更快乐一些，这样才有动力走向更远的未来。"

人生有太多的未知和可能性，每个人都有自己的活法，活出自己的样子最重要。

别随波逐流地比较，别浪费了自己的天赋和理想，好好利用它们，为它们浇水施肥，看它们发芽、成长，最终长成参天大树，这才是自信成功的人生该有的样子。

别放弃:
让你衰老的不是年龄，是对理想的放弃

当90后都在自称"老阿姨"的时候，我这个80后才开始有了初老症的概念。90后们之所以如此自黑，表面上是面对奔三的年龄和后移的发际线的无奈，实则是对自己人生道路尚未清晰的集体焦虑和恐慌。

反观退休后的大爷大妈们，有的去上老年大学，有的跳舞唱歌，有的栽花种菜，有的拿着单反、扛着镜头和三脚架去捕捉美景……活得红红火火，脚下生风。

年届70岁才开始写作的塞缪尔·厄尔曼，现身说法

地诠释了自己的观点："没有人仅仅因为时光的流逝而变得衰老，只是随着理想的毁灭，人类才出现了老人。"

齐白石 57 岁的时候还在北京靠卖自己的画讨生活。尽管他的画卖得比别人便宜，仍然鲜有人欣赏，好在遇到知音陈师曾后，生活才有了起色。但是，好景不长，随着陈师曾的英年早逝，齐白石的生活再次陷入困境，甚至还遭到了同行的误会和排挤。北京的冬天寒风刺骨，经历如此坎坷的遭遇，不用说年近 60 岁的老人，年轻人恐怕都会选择放弃了。但是，齐白石对画画始终保有一颗赤子之心，他不在乎世俗的眼光，也能忍受穷困潦倒的生活，唯独不能放弃画画，尤其不能因为自己年龄大了而轻言放弃，他把画画当作余生的使命。

坚持画画的齐白石，活到老学到老，他的作画风格在日复一日的泼墨挥笔中日臻成熟，自成一派。终于，坚持了九年后，齐白石的画作得到了刚到北京的徐悲鸿的青睐。自此，他的画吸引了更多的欣赏者，越来越多的人愿意购买并收藏他的画作。绘画大师的名号也由此而来。

　　九年的坚持，足够换来一个柳暗花明的轮回。待到理想实现的那一刻，谁能否定那是一次生命的重生呢？人生永远没有太晚的开始，也不会有太早的结束。如果你正在黑暗中摸索，看不清前行的路途，不要放弃，坚持走下去，因为太阳总会出来，天总会亮，迷雾也总会散去，最终，等待你的将是康庄大道。

　　本来以刺绣美国乡村风景为乐的摩西奶奶，由于长年在农场做工的劳累，76 岁时因为关节炎而无奈地放弃了刺绣。可是，她不想自己的余生就这样空虚地度过，于是就用画笔代替绣花针，78 岁那年，她完成了人生中的第一幅画。

　　之后，她从未放弃对美的热爱，用一颗饱含慈祥与永恒的心绘画，这一画竟然画了 20 多年。80 岁的摩西奶奶在纽约举办了个展，明快的手法和大胆明亮的色彩很快吸引来了很多前来参观的人们。摩西奶奶自己也没想到，自己回忆农场生活的风景风俗画竟然在艺术人才济济的大纽约引起轰动。在她 100 岁的时候，纽约州还将她生日那天

做你喜欢的事,命运会高兴地帮你打开成功之门,
哪怕你现在已经80岁了。

命名为"摩西奶奶日"。

摩西奶奶丰富多彩的晚年生活为一大批焦虑的现代人带去了强心剂，很多人因为摩西奶奶的精神，鼓起勇气去做自己喜欢的事情，重新拾起了人生的希望。直到现在，尽管摩西奶奶已经告别了这个世界，但她依然活在无数有理想、有热情的人们心中。

这其中比较戏剧化的一个例子是，在摩西奶奶100岁时，日本有个叫渡边淳一的年轻人问她，该不该为了自己热爱的写作而辞掉外科医生的工作？摩西奶奶认真地给这位迷茫的年轻人回了信，回信是一张明信片，上面画了一座谷仓，并附有一段话："做你喜欢的事，命运会高兴地帮你打开成功之门，哪怕你现在已经80岁了。"正是这封回信，成就了日后名扬世界的大作家。

别在意年龄，也别在意别人的眼光。请相信，你最愿意做的那件事，就是你真正的天赋所在。把时间用在你最愿意做的那件事上，就不是浪费时间，认真努力的每一分每一秒都算数。把时间和精力浪费在对衰老的焦虑和苦恼上，那才是对自己人生的极度不负责任。

从你开始害怕衰老、害怕年龄增长的那一刻起，你就已经被时代摒弃了。时间和理想是最公平的，时间会为懂得热爱它、珍惜它的人永恒，理想则会垂青那些永不言弃的人们。不信你看，83 岁的超模卡门·戴尔在 T 台绽放 72 年；91 岁的艾瑞斯·阿普菲尔气场两米八，仍在给时尚品牌拍大片；82 岁的杰基·默多克还在经营自己钟爱的模特事业……她们的美丽和优雅早已深入骨髓，那颗镌刻着对理想坚持的心从未停止燃烧。

千万别动不动就说自己老了，因为这样会错误地引导自己；千万别轻易放弃自己的梦想，浪费了大好年华。请时刻记住，年轻就是心中有燃不尽、吹不灭的理想，有理想就有力量，有梦就有未来。

高级感的生活

Chapter

02

学会归整：你不需要那些东西

　　全世界的女人都如此：永远都在购买新款服装，永远都有各种理由购置新衣，却永远觉得自己的衣橱里少一件衣服。

　　但法国女人似乎是个例外，法国女人的衣橱里十件衣服就足够了。然而法国女人却有一种全世界公认的优雅魅力，她们的穿着总是很得体端庄。

　　全世界的女人都在想尽办法添置衣物的时候，法国女人却在做减法，她们的衣服量少却精致。省去了追逐时尚潮流和研究穿搭的时间，她们得以有更多的时间和精力去经营自己的生活，看似慵懒随性，却透着一股说不出的浪漫魅力。

生活里真正的幸福和快乐并非来自于不断满足日益增长的物欲，而来自对自己的生活实实在在的选择权。哪些是我需要的，留下，带着美好的心意使用它；哪些是我不需要的，放下，别让不需要的东西把生活挤得透不过气。

《怦然心动的人生整理魔法》一书的作者近藤麻理惠，凭出色的整理收纳技能，2015 年被美国《时代周刊》评为"世界上最有影响力的人"之一，要知道，除了村上春树之外，她是唯一入选的日本人。

在书中，近藤主张整理收纳一定要关注自己的感受，以怦然心动作为决定物品去留的准则。整理不是目的，整理只是一个开始，认清自己的开始。所谓修行，就是从清扫和整理自己的家开始，生活居住的环境清洁明快了，心神自然也就明快敞亮许多。而真正的人生修行，始于整理完成之后。

在日本，近藤麻理惠的知名度不亚于碧昂丝在美国的知名度，我的好友里也有很多近藤的忠实粉丝，也是怦然心动的人生整理魔法的实践者。

Jinnett 曾经是我的合租室友，我们一起合租 80 多平方米的两居室。所幸两个卧室都向阳，且都有一个小阳台，只是一大一小，当时我住在小的那间卧室，Jinnett 住在大的那间，客厅、厨房、卫生间属于共用区域。Jinnett 平时给人的印象总是漂亮、干练的，每次出门都搭配好精致的妆容和得体的衣服。但是，住到一起后，看到她的房间，我无法不怀疑自己的眼睛，总感觉自己看到的跟平日里的 Jinnett 不是同一个人。床上堆满了衣服，只留了一半区域来睡觉；化妆台上摆满了大大小小各种化妆品，有用完的空瓶，也有还没拆开包装的；一株人形高的绿植，站在阳台门口，已经蔫了；衣橱门总是大开的，里面的衣服凌乱不堪，毛衣袖子和牛仔裤缠绕在一起；地板上有穿过的袜子，有用过的一次性纸杯，有不知道什么时候买回来一摞一摞的书，还有没吃完的薯片或其他零食……本来大

整理好了房间，也就整理好了思绪，
不再追着别人口中的潮流走，
更笃定坚持自己真正喜欢的。

大的卧室，却感觉快要挤爆炸了。

后来我因为工作调动的原因搬家了，Jinnett 没有再找别的室友，一个人继续租着那个房子。我们常常联络，偶尔视频聊天，看看彼此的近况。从视频上看，家里好像越来越整洁了，她也时不时会向我炫耀并展示她的成果。

变化的开始，是她迷上了"扔东西"。原来的买买买变成了扔扔扔，那些从来没用过、可以置换的物品都被她扔掉了。房间的空间腾出来以后，Jinnett 说，收拾完的那一刹那，风从窗外吹来，吹起白色窗帘，她感觉心里轻盈极了，决定以后就要这样简单地过生活。

整理好了房间，也就整理好了思绪，不再追着别人口中的潮流走，更笃定坚持自己真正喜欢的，购物的欲望竟然也降低了。原来的 Jinnett 拼命工作赚钱，然后努力花钱。现在她明白了，能给自己真正快乐的生活往往都是免费的，而非需要用钱来填满。Jinnett 渐渐有了存款，之前完全没有理财意识的她也开始学起理财。去年年初，Jinnett 告诉我她在四处看房子，她竟然已经攒够了买自己房子的首付款。Jinnett 说，以后住在自己的房子里，继续简单地生活，既往不恋，当下不乱，未来不迎。

其实，学会整理房间的终极奥义是学会整理人生。真正的人生始于整理之后。

每个人都有自己独特的人生经历。整理人生，也许需要我们揭开伤疤、面对晦暗的过去，也许需要我们跳出稳定的舒适圈，也许需要我们舍弃一些东西。无论如何，只留下自己需要的，舍弃不需要的，然后在最喜欢物品的围绕下，度过闪闪发光的每一天。

学会读书：
读书是一件很好玩的事儿

并非每个人都会读书。

我见过太多不会读书的人。比如早年的我自己，一向自诩爱书如命，却一直把"读书"这件事看得过于严肃，以至于"读书"成了一件有负担感的事情。因为有了负担感，读书渐渐失去了自我的趣味。

从选书的时候开始，就抱着满满的功利心，看看别人都在读什么书，仿佛别人都读的书自己没有读，自己就会被淘汰；读书的时候，因为太看重结果而不能体验沉浸其中的乐趣；读完书之后，却想不起来自己最喜欢书中的哪些段落。静下来的时候，忍不住怀疑自己，你是否真的喜欢读书？你是否真的会读书？

其实，读书可以很简单，也可以很好玩。只有真正体会到这一点，不给读书加上执拗的标签，放弃"书中自有黄金屋，书中自有颜如玉"之类的看法，紧绷的神经才能放松下来，让灵敏的触角自由延展，各自到达不同的世界，如此才能体味到读书别具一格的趣味和愉悦感。

舒国治把"好玩"和"有趣"作为读书的第一要义："看书，须当如小孩时玩躲迷藏、扮家家酒一般有乐趣、有铺排、有疯闹狂笑，如此方是好的看书。有情有趣地看书，才可以由儿时一直看到老境。无趣的看书，便只有有大耐心的学者可以做到。"

不局限于读书，他把读书的趣味也带到生活这一本大书中。舒国治1952年出生。31岁起，他在美国开启了长达七年的浪迹之旅。结束旅行之后，他选择了不上

最值得认真品读的书是生活本身。

班亦不正经工作的生活，给自己打了一个赌："我只下一注——不上不爱上的班，不赚不能或不乐意赚的钱——看看可不可以勉强活得下来。"于是，舒国治常常昼伏夜出，在别人都睡熟之时到处晃荡，去吃凌晨五点第一个出锅的烧饼，去喝凌晨的第一杯豆浆。然后，在别人都出门上班的时候，回家酣然入梦。

如此遵从本心生活的人常常对日常生活中普通人忽视或习惯了的细节有着独到、敏锐的洞察力，他们才是真正的生活家。在舒国治的生活哲学中，读书不只是看书，心和眼到达之处便是阅读，可以读人、读地方、读自然风景……原来，最值得认真品读的书是生活本身。

"年轻的时候以为不读书不足以了解人生，直到后来才发现如果不了解人生，是读不懂书的。读书的意义大概就是用生活所感去读书，用读书所得去生活吧。"杨绛先生如是说。会读书的人，便是会生活。学会读书，何尝不是在催促我们去学会生活、发现生活的趣味之处？

读沈复的《浮生六记》，看芸娘温婉秀丽，通达诗书，

我们借由读书，
去实现精神世界的完满，
去发现自己人生的闪光点。

情趣高雅，同时也爱吃臭豆腐，爱女扮男装跟丈夫出去游玩……虽然芸娘与沈复的生活过得并不富裕，但两人却把日子过成了诗。反观自己的生活，茶米油盐，稀松平常，没有大起大落的传奇色彩，亦没有风花雪月的一波三折，但若有芸娘那般的心境，向美而生，平平淡淡的生活也能过得像花朵一样。

有一次，我在书店翻书，无意间翻到松浦弥太郎的《年轻人，你就是想太多》。里面谈到外界很多人猜测经营二手书店又是作家的松浦弥太郎有一座漂亮的书房来藏书，没想到他自爆自己只有《高村光太郎诗集》、亨利·米勒的《北回归线》和杰克·凯鲁亚克的《在路上》这三本书。原来松浦弥太郎的藏书哲学一如他的生活哲学，即使很珍贵的物品，也不一定要拥有，只要珍藏在脑海或心里，随时都可以拿出来把玩。看到这里，我认真筛选了一下自己将要下单买回家的书，都是被第一印象勾起购买欲才想买的，其实自己并未真正了解书的具体内容，也并未去想自己是否真的需要。于是，我迈着轻快的步伐将那几本书又放回了原处。读书的好玩之处就在于此，它总是给你的生活带来些许的惊喜转折，比如，拯救了我的钱包。

世人皆说读书是向内的旅行，我们借由读书，去实现精神世界的完满，去发现自己人生的闪光点。带着对生活的热忱去读书吧，或者，带着读书的好玩和有趣去过生活。如此，我们便可以在精神世界的角落里，自由自在地翩翩起舞！

学会慢活：
有个拿得出手的爱好有多重要

生活中美好的事物无处不在。想要挖掘并收藏这些美好，我们需要有一颗慢活的心，一双会打理生活的手，更要有饱满而持久的热情。这样，培养出一个拿得出手的爱好，既不是为取悦他人，也不是因为无聊打发时间，而是为生活增添一份情趣，让自己的人生多一些点缀。

一个拿得出手的爱好，不仅是生活的加分项，也是我们即将到来的下半生的幸福之光，让我们人生的每个角落永不贫瘠，总有花开。

好友 Kiki 是一名重度烘焙爱好者，用她自己的话说"那是深深植入骨髓的爱好"，难以舍弃。Kiki 的烘焙手艺更是在朋友圈出了名，每次发出烘焙的成品，都会被大家一抢而空。

Kiki 也乐于与大家分享自己的劳动成果。她曾用自己烤的樱桃杏仁蛋糕俘获过法国客户的胃，缓解了他们对合作伙伴的不信任感，拉近了彼此的关系；即使作为金主爸爸的甲方，她还曾用自己烤的各种小饼干、小甜点给乙方的设计师们充电，吃过 Kiki 做的甜点的设计师们都赞不绝口，就算 Kiki 半夜打电话要求改稿，他们也毫无怨言……Kiki 的"烘焙外交"一度被一众好友传为美谈。Kiki 却不以为然，她只是偶然见到别人喜欢自己做的甜点，才拿出来与别人分享，没想到尝过她做的甜点的人竟都被这美味俘获了。

Kiki 从来都只把自己当作烘焙业余爱好者，研究甜点也是她的爱好；而这一爱好，恰恰弥补了生活与工作之间的那一份美好。她只不过是借由烘焙甜点，给平淡的生活加点糖罢了。而在别人眼中，会烘焙的 Kiki，不仅在工作上风风火火，生活上也是精致细腻，简直是个闪闪发光的女王。

你的爱好，也许看起来无用，实则却是老天给我们留下的那道门；慢慢跨过那道门，也许你会发现一个不一样的自己。梁文道曾经说过："读一些无用的书，做一些无用的事，花一些无用的时间，都是为了在一切已知之外，保留一个超越自我的机会；人生中一些很了不起的变化，都来自这个时刻。"

之所以这样说，是因为很多人往往因为爱好无用论而舍不得花时间和金钱在上面。看不到自己想要的收获或反馈，就失去了坚持下去的动力。这样的"爱好"，充其量只能是兴趣或喜欢。所谓拿得出手的才叫爱好，拿不出手的只能叫喜欢。

想要把一开始的兴趣或喜欢，变成令人持久心动的爱好，只靠一时冲动是行不通的。很多时候，我们坚持自己感兴趣的事情，是因为真的喜欢，并非在乎它能给

万事万物皆有欢喜处，
世界上总有一个角落会令你欢喜，
吸引你为它长久地驻足。

自己带来多大的好处，我们更在意的是那种沉浸其中的自我满足感。如此，就算在别人眼中毫不起眼的小事，我们也乐得花时间和耐心去打磨它。待到它们"拿得出手，见得了人"的时刻，你一定会发现，它给你带来的外部肯定和别人的称赞只是锦上添花，那种静下心来沉浸其中的自我满足感才是爱好给你的最大回馈。

就像 Kiki 对烘焙的喜爱，有一次我问她："为什么那么喜欢烘焙？做出好吃的面包有什么秘诀？"Kiki 一脸认真地告诉我："我最喜欢揉面团的时刻。你知道吗？就跟你们都喜欢的冥想一样。我在揉面团的时候，感受面团的软硬、观察面团的气泡和色泽，那样一下又一下、小心地、慢慢地用力揉着，像是面团里面包裹着我的心，无比的熨帖和自然。每次揉转面团都是我与它的对话，也是我与自己的对话。面团其实是有生命的，要学会跟面团对话，才能做出好吃的面包。"

Kiki 的烘焙秘诀如此，一个拿得出手的爱好秘诀也是如此。找到一个真心喜爱的兴趣爱好，然后不计成本地付出时间和耐心，用心打磨，你收获的将不只是一个拿得出手的爱好；更重要的，还有一个脱胎换骨的自己。这样的生活才是完满的、高级的。

有人总是抱怨生活的无趣和乏味，却总也不去创造和发现有趣的事，只是求个温饱，然后舒舒服服地躺下看着手机、刷着抖音消磨时间，但他们还是觉得空虚、不满足；然而，也有人能创造乐趣，在平淡的事物中看到非凡的精彩与趣味，他们自己就是人生快乐的制造机。

万事万物皆有欢喜处，世界上总有一个角落会令你欢喜，吸引你为它长久地驻足。如果真有这么一处，请放慢脚步，用心灌溉。把时间尽情浪费在这美好的事物上，你不仅会拥有一个拿得出手的爱好，还会收获加倍的美好。

别走太快，错过了那份欢喜；也别轻易走开，错过了一场花开。

学会沉默：
当你懂得沉默，成熟才刚刚开始

　　每每看史铁生先生的《我与地坛》，我心里最柔软的那块地方总会被撞击：一个坚忍智慧的母亲，虽然沉默，但是她的爱却无处不在，陪着儿子一起面对命运的拉锯战。

　　"我那时脾气坏到极点，经常是发了疯一样地离开家，从那园子里回来又中了魔似的什么话都不说。母亲知道有些事不宜问，便犹犹豫豫地想问而终于不敢问，因为她自己心里也没有答案。她料想我不会愿意她跟我一同去，所

成熟的人，
懂得运用沉默的力量，
静静地守护自己所爱之人。

以她从未这样要求过，她知道得给我一点独处的时间，得
有这样一段过程。她只是不知道这过程得要多久，和这过
程的尽头究竟是什么。每次我要动身时，她便无言地帮我
准备，帮助我上了轮椅车，看着我摇车拐出小院；这以后
她会怎样，当年我不曾想过。"

　　母亲没有向儿子展现自己的难处，也从不叫儿子为她
着想一下，更没有因为儿子的消沉颓废而大声训斥……她
小心翼翼地收起自己的情绪，只是默默地看着儿子，有时
候为了照顾儿子的自尊心，她就远远地望着。母亲是在用
沉默无言的爱等待着儿子从巨大的伤悲中醒过来。读这本
书的时候，我第一次领略到，沉默的爱比用言语表达出来
的爱更有力量，更刻骨铭心。成熟的人，懂得运用沉默的
力量，静静地守护自己所爱之人。

　　当你真正学会沉默，成熟才刚刚开始。

　　想想自己年少时，似乎表达欲很强，不管看到什么、
听到什么，都喜欢发表意见，迫切地想让别人知道自己的
想法，有时甚至会因为别人有不同的意见而据理力争。

那时候，我身边的朋友很多，无论干什么都要叫上三五好友，仿佛一个人去做什么是无法想象的事；拍照总喜欢摆出各种如今看来浮夸古怪的姿势和表情，生怕别人注意不到自己；下课的时候没说完的话，上课之后用手机短信或者微信继续说，但其实聊的无非一些鸡毛蒜皮的小事情……

如今，我越长大越明白，每个人的生活经历不同，所谓的感同身受实在是朋友间难以企及的默契。身边的朋友走走停停，留下的不多。现在的我，能自己解决的事情就尽量自己解决；出去旅行，更喜欢拍拍风景拍拍美食，把美景美食都储存在记忆里是更好的选择；与朋友相处时，学会了给对方和自己留有空间，时间弥足珍贵，不如多聊聊彼此都感兴趣的话题。

不论是友情、爱情还是亲情，沉默并不意味着关系的变质或情感的流失，而是关系变得比以前更成熟、更走心了。于自己，不再像年少时那样想融入各种圈子，不再想让更多的人看到自己，而更愿意把时间和心力用在独处或是和喜欢的人相处上。

网络世界里，一石能激起千层浪，你在网上说过的一句话或许会招致键盘侠的狂轰滥炸。与其坐在电脑前或拿着手机，跟一群毫不相干的键盘侠唇枪舌剑，不如关掉电脑、放下手机，给自己和家人制作一份美味精致的晚餐，陪家人度过美好的夜晚。

职场上，三五个同事聚在一起讨论新上任领导的八卦，似乎如果有人不参与其中就是情商低和不合群。与其装作感兴趣的样子，加入他们的八卦小分队搬弄是非，引来领导或其他同事的反感，不如微微一笑，然后不动声色地把自己分内的工作做好。

人生在世，不如意之事十有八九，不可能事事顺心遂意。与其像祥林嫂一样，逢人便哭诉自己的不幸，不如沉默地包容一切苦难，"常想一二，不思八九"，不抱怨、不恼怒、不强求、不悲愤——顺其自然，随遇而安。

所谓"沉默是金"，一个人即使再聪明、口才再好，也不可能得到所有人的支持和喜爱。放下执念，把一切交付给岁月。岁月虽无言，成长的脚步却从未停止。慢慢地，你会发现，沉默才是保护自己最好的武器，时间则是治愈一切的良药。

在成年人的世界里，沉默是成熟的最好见证。对爱着的人，无言守护；对自己，在沉默中成长。对放不下的事，学着释怀；对融不进的圈子，转身离开；对想要达成的愿望，踏实行动，顺其自然；对想要见到的人，静心等待，一切随缘……真正成熟的人，从来都是不争不抢，不卑不亢，不闹也不恼，只以沉默的智慧相对，寂静悠然，生出欢喜心。

学会优雅:
拥有那些超越美貌的东西

　　如今,"少女感"可以说是称赞女性的最高级词汇。"少女感"也一度成为全国女性竞相追逐的高级美,尤其是时尚女明星,不管是被动还是刻意为之,都在拼命打造和经营着自己的少女人设。各大媒体或自媒体也紧抓"少女感"的热点大做文章,比如化什么样的妆容可以让人拥有满满的少女感,怎么穿搭才能尽显少女感,甚至五官的比例是怎样的才能少女感十足……

　　不得不说,全民宣扬少女感,这是审美的一种落后,也是审美维度的缺失。因为真正打动人心的美，是骨子里的优雅和美丽，是超越了年龄和美貌的，比少女感深刻得多、复杂得多。

若要优美的嘴唇，要说友善的话；

若要可爱的眼睛，要看到别人的好处；

若要苗条的身材，把你的食物分给饥饿的人；

美丽的秀发，在于每天有孩子的手指抚摸它；

若要优雅的姿态，要记住行人不只你一个。

人之所以为人，是应该充满精力，能够自我悔改、自我反省、自我成长，而不是抱怨他人。如果你需要一只援助之手，你可以在自己的任何一只手臂找到；随着年龄的增长，你会发现你有两只手，一只用来帮助自己，另一只用来帮助别人。

这是全世界人民心中优雅了一辈子的奥黛丽·赫本写给女儿遗言的部分内容。细细解读赫本璀璨传奇的一

真正的优雅关乎心灵，无惧岁月流逝，
是超越了美貌的存在。

生，我们可以窥见她在遗言中想要给女儿或者世人传达的信息：真正的优雅关乎心灵，无惧岁月流逝，是超越了美貌的存在。

想要学会真正的优雅，首先要明白爱自己的重要性，学会关爱自己，从自己的身上找幸福，而非将幸福寄托在别人或物质上。当一个人真正学会爱自己的时候，生命之花才开始绽放。如今，年逾六旬的杨丽萍依然仙气逼人，不仅没有衰老的颓态，反倒比之前多了几分韵味和笃定。这份时间赠予她的优雅便来自于她对自己内心的关爱，知道自己内心需要什么，知道自己想要什么样的人生，这样就可以放弃其他的，只追求自己想要的那种美。

一个人身上爱的能量，往往需要爱自己才能加持。只有我们足够爱自己，我们才能有足够多的爱去爱别人。如果常常忽视自己的内在感受，去迎合别人的要求，你小心地维护着的不对等关系，不仅不会滋养你，反而会损耗你的生命能量。

首先要学会真正的优雅，其次是坚持自己所热爱的事物。在喧嚣浮躁的世界里，寻得自己的一处小角落，静下心来做自己热爱的事情，这简直是莫大的幸福。于身于心，都是一种美妙的滋养，使内心得以丰盈。如此面对芜杂的生活，也能生出一种从容且优雅的气质。日本茶道大家森下典子，从青涩的大学校园里的学生时代开始学习茶道，至今仍在悉心探索。在学习茶道 25 年后，她把自己坚持学习茶道所获得的十五种幸福记录下来，并出版了《日日是好日》一书与大家分享。

如此长久地坚持做一件事，再普通的事情也会变得非比寻常，何况是能修行身心的茶道。森下将人生最美好的 25 年都倾注于热爱的茶道文化，而茶道给予她的，不仅有浸入骨子里的优雅，还有如影随形的禅学思想。这样的未来，便真的是日日是好日了。

想学会真正的优雅，还要让自己时刻保持自信与快乐。任何年龄段的女人都有追求美的权利，哪怕皮肤不再精致、头发苍白、青春不再，你依旧可以时尚且优雅。在纽约时尚圈风生水起的设计师琳达·罗丹，年轻时有着出众的美貌和完美的身材，做过超模，当过造型师，如今 67 岁当起了设计师，创立自己的护肤品牌。在镜头面前，她丝毫不掩饰自己松弛的皮肤、额头的皱纹、苍白的头发，因为她有一颗时刻健康、自信的心。时髦的发型、新潮的墨镜还有烈焰红唇，让琳达看起来气场强大，自信、从容且优雅，美丽自然而然地流动出来，丝毫不输那些面容精致的年轻人。

请记得关爱自己，持久地坚持自己所爱，时刻保持自信与快乐，优雅的气质方能超越时光。就算美貌不能永恒，也能历久弥新；眉眼间的灵动与美丽始于一颗优雅淡定的心。

外在的美貌是暂时的，唯有由内而外散发的优雅气质能永恒存在。与其因为年龄的增长和容颜的衰老而自怨自艾，不如守住内心的优雅与从容，笃定地走下去。雨天听雨，雪天看雪，无论遇到什么样的天气，都能优雅从容、来去自如。

学会独立：
女人越独立，活得越高级

　　2014 年，由吉高由里子和仲间由纪惠主演的晨间剧《花子与安妮》，成为年度收视冠军，更是打破 NHK 十年收视纪录。当时的我因为对剧中的原型人物村冈花子很感兴趣，竟然追完了 90 集的晨间剧。虽然这部电视剧是在讲述女翻译家村冈花子的翻译生涯，却也折射出了很多近现代知识女性的生命轨迹。

　　最近，我又读到了《花子与安妮》的原著，不禁感慨良多。要知道，生活在那个时期的女性，社会地位极其低下，甚至有妻子出行要走在丈夫后三步、不能并肩的规矩。如果没有雄厚的家庭背景和金钱资助，女人想要追求自己的理想和事业简直是天方夜谭。

但是，村冈花子就是在这样的环境中，在东京大森书斋昏暗的灯光下，在美军接连不断的轰炸声中，完成了《红发安妮》的译稿。她曾经发愿：当和平再次来临，她要把红发少女的故事献给每一个拥有梦想的女孩。后来，她的确做到了，《红发安妮》在日本出版后大获成功，花子也因此获得儿童文学蓝绶褒章。

也许村冈花子自己并未察觉，她用自己的译笔开启了一个不同于过去的新女性时代。女人也可以有自己的理想和事业，并有为之努力奋斗而获得幸福的权利，而非依赖于男人。花子用她的一生告诉我们：女人一旦独立，就再也不需要什么踏着七彩祥云来接她的盖世英雄，因为她自己就是英雄。

只要学会独立地面对这个世界，努力做到经济独立、思想独立、人格独立，你就获得了选择生活的主动权，

只要学会独立地面对这个世界，
努力做到经济独立、思想独立、人格独立，你就获得了
选择生活的主动权，并且将其永远牢牢地把握在自己手中。

并且将其永远牢牢地把握在自己手中。越是独立的女人，活得越高级。

波伏娃曾经说过："女性实现自我获得解放的先决条件，是经济上的独立和自由。女性的解放首先要完成女人经济地位的演变。如果没有实现经济的自由，那么，女性获得的不过是抽象、空洞的自由。"经济上的独立能给女人更多的安全感，无论面对的生活境况如何，都有底气做出自己想要的选择。这才是真正的自由。

没有人能成为你一生一世的避风港，只有自己才是自己最后的庇护所。无论未婚还是已婚，我们都要有自己过好日子的能力。前段时间，大城市女性买房比例猛涨的新闻引起了热议。某房地产平台调查发现，现如今的买房交易中，47.9%的买家是女性，其中高达74.2%的女性在买房时并没有接受伴侣的资助，29%的女性能够独立支付买房费用。归根结底，我们努力想买的不是房子，而是一个可以独立自主的人生，可以霸气地对那些在背后对自己的生活指手画脚的人说："房子我自己买得起，我的人生也可以自己买单。"

思想独立则意味着不依附别人，有自己追求的事业，有主见并且有勇气选择自己想要的生活。亦舒笔下的女子，大都如此，她们大多是白领一族，事业上毫不逊色于男人，理性而克制，可以和男人平分天下。面对感情，她们更是不卑不亢。虽然有时候人的确需要感情的慰藉，但是这些女子绝不把感情当作生活的必需品。喜欢就在一起，不喜欢就分开，做当下顺着本心的选择，从不后悔，更不会回头。就算被背叛被抛弃，大不了关起门来痛哭几天，然后哪里跌倒再从哪里爬起来，收拾心情，重回人生的大舞台，舞出自己的精彩。

一个拥有独立人格的人，清楚地知道自己内心想要什么和不想要什么。自己的生活从不需要别人来贴标签，能决定自己可以成为谁的那个人，只有自己。就像电影《美食、祈祷和恋爱》里的伊丽莎白·吉尔伯特，本来过着人人羡慕、安稳富足的生活，但所有的一切并非她想要的，于是，她选择踏上旅途去寻找自我。一路上，她忠于自我，充分地宠爱自己，勇敢地面对自己，宽容地原谅自己，终于分别在意大利、印度、巴厘岛收获了美食、祈祷与爱。

任何人，在任何时候，都要学着让自己独立，特别是女人。因为经济独立可以使你在面对未来时更有底气，思想独立可以让你拥有从容不迫的人生态度，人格独立则能让你拥有不想做什么就可以不做的真正自由。

学会独立是通往高级感人生的唯一路径。对于女人，独立的人生意味着对自己人生强大的驾驭力，意味着更广阔的自由，更意味着高级感的人生。因为真正的安全感，永远来自于内心的独立和自我满足。任何时候，请相信，独立勇敢的你值得收获一个更好的、更高级的人生。

高级感的情绪

Chapter

03

停止负面：平和的心态

你身边是否有这样的有毒朋友？

他们总是负能量爆棚，每次聊天都是各种抱怨、各种不满，满腹牢骚。他们总关注事情消极的一面，从来没有看到过生活的闪光点和小确幸；而且他们从来不接受别人的建议，拒绝做出任何改变。每次和有毒朋友交流完，自己的心情也会受影响，变得情绪不佳，失去前进的动力。

当朋友遇到问题时，帮他们解决问题固然重要，但最重要的还是提醒有毒朋友及时控制自己的负面情绪，时刻保持一颗平和淡然的心。这样，不论是对朋友，对你，还是对你们之间的友谊，都有好处。

阿德勒在其《自卑与超越》中谈到："身体可以影响精神，精神也可以影响身体。"负面情绪，包括焦虑、紧张、愤怒、悲伤等，如果长期处于这种消极的情绪体验中，身体也会产生不适感，甚至损害身心健康。余生太短，别和自己的情绪过不去，更别成了情绪的奴隶。

但是，如果你正处于负面情绪中，一味地抗拒只是暂时之功，负面情绪不会就此停止，它还会伺机重来。一定要坦然面对，找到它的根源，才能恢复平和的心态。

在人际关系中，人们常常面临因为情感需求未被满足而产生的愤怒、委屈或不满等负面情绪。比如朋友为了活跃气氛，说了些并无恶意的玩笑话，别人都哈哈一笑过去了，但是你却当了真，认为朋友说的玩笑话是故意想让你出丑，瞬间陷入负面情绪的旋涡，一有机会就指责、抱怨或攻击那位朋友。长此以往，大家都不敢轻易跟你开玩笑

余生太短，别和自己的情绪过不去，
更别成了情绪的奴隶。

了。这并不是你想要的结果，因为负面情绪依然存在，你又会因为没人跟你开玩笑而生气、郁闷。

其实从一开始，你就应该放下那些指责、抱怨或攻击，觉察自己之所以出现负面情绪的原因，也觉察自己的内在需要，坦然面对自己希望被关注、被尊重、被了解的事实。你会发现，负面情绪改善了许多，你的心态也平和了许多。

在与自己的相处中，很多人对自己要求太高，过于追求尽善尽美，无法接受不完美的结果，进而愤世嫉俗或迁怒于别人。比如你勤勤恳恳地工作了一整年，全勤奖马上唾手可得，却不承想在一年的末尾几天，因为重感冒而不得不请几天假，全勤奖插翅而飞。你接受不了这个结果，一时被愤怒的情绪冲昏了头脑，要么辱骂公司的请假制度，要么懊悔自己关键时候掉链子，要么埋怨家人为何不戴口罩导致把病毒传染给你。结果，愤怒的情绪虽然得到了发泄，但在这个过程中，你自己是痛苦的。

愤怒需要释放，所以你选择攻击自己或迁怒于别人。这时候，不如放平心态，检视一下自己的内心，是不是需要对自己宽容一点，是不是需要给自己的生活做做减法，该放下的放下，这样你会过得更轻松、更自在。

身处不同的环境，提高情绪自控力，让自己摆脱负面情绪的伤害，这是我们每个人的人生必修课。当你面临负面情绪时，可以找一个安静的地方，深呼吸，安定一下躁动的内心，觉察自己的情绪，对负面情绪勇敢说"不"。同时，鼓励自己，不轻易否定自己。必要的时候，你还可以寻求家人或朋友的帮助，尝试一切办法，只为了回到最初平和的心态。毕竟，平和的心态是我们最基本的情绪状态；一个人只有在平和的心态下，才能做出正确的、忠于内心的人生选择。

任何时候，拥有一个平和的心态，我们才能专注于自己正在做的事情，才能宠辱不惊、安之若素。试想一下，如果外科医生无法保持平和心态，一台手术如何成功？医生怎能成功地救死扶伤？在一个团队里，如果领导在做决

一个人只有在平和的心态下，
才能做出正确的、忠于内心的选择。

策时，总是患得患失，无法保持心态平和，团队怎能有良性的发展？身在职场的你，在工作中面临挑战时，如果无法保持平和心态，更无法静下心来认真分析具体情况，失败的结局已然注定。

不管是对别人，还是对自己，保持平和淡然的心境永远是减少负面情绪的最佳药方。面对人生的每个时刻，都要保持随时、随性、随遇、随缘、随喜的心性，这样你就能做自己情绪的主人，而非让负面情绪控制你的生活。

停止付出：
爱有时意味着拒绝

　　被邀请去一对已婚朋友家吃饭，本来我很纳闷：这对夫妻朋友都不擅长做饭，平时也不怎么开火，怎么会邀请我去家里吃饭？后来得知，原来朋友的妈妈这段时间刚好在他家小住。热情好客的阿姨得知家中有客人要来，早早就去市场买菜了，待我中午到朋友家，满满的一桌子菜已经准备好了。闻着菜香，我一边赞美阿姨的厨艺，一边帮忙端菜上桌。

　　阿姨被赞美后，笑得合不拢嘴。可当我们开始吃饭时，她却说要收拾收拾厨房，迟迟没有来和我们坐在一起吃饭。朋友说，自己的妈妈不论在哪儿都是如此，可以准备一大桌子菜毫无怨言，但是让她上桌吃一次饭却是完全不可能的事情。对此，我的那对朋友似乎早已习以为常。他们自顾自地夹菜吃饭，全然不管独自准备了一大桌子菜的辛劳的母亲。那顿饭菜很可口，但是我吃得极不自在。

这也许就是中国式父母的悲哀，他们把自己的全部付出给孩子，得到的却是孩子把这种付出当成理所当然的事情，丝毫没有对父母的感恩之心。反过来，在父母这一辈的传统观念里，他们耻于享受，更不敢享受，一定要让自己很累很苦才有付出感。一开始，他们故意忽略自己的需求，慢慢地，他们会忘记满足自己的需求，彻底失去了自我感。

真的想告诉那位阿姨：停止付出，拒绝无休止的付出，您需要好好爱自己。已经为孩子、伴侣、家庭付出了几十年，是时候让自己休息享受一下了。

在亲密关系中也是如此。如果只是亲密关系中的一方一味地付出，这种付出要么会变得很廉价，要么会给伴侣带来无形的压力。

巫启贤在他的歌里唱道："爱那么重，爱那么痛。"为什么爱得重了深了，人反而会觉得痛？因为爱得越重越深，对方越会觉得你的爱不重要。心理学上的"德西效应"就是这个道理。"德西效应"说的即是：在所有关系里，单方面一味地付出，不但得不到预期的回报，还会让对方感到理所应当。而杀死大多数婚姻的匕首，就是所谓的"理所应当"。一方掏心掏肺地付出，不计任何代价，也不求任何回报；另一方则是视若无睹，甚至冷漠相对，丝毫不关心对方的辛苦与不易。如此失衡的亲密关系注定不会走得长远。

武志红在他的《巨婴国》里谈到："伴侣关系的根本逻辑是亲密。亲密，只能通过真实和敞开达到，而付出却没有这个功效。相反，因为你不断付出，会给对方造成内疚，结果导致对方更加想远离你。"

每个人都有获取幸福的能力，完全不必靠一味地付出

爱自己，做自己，
会适时地拒绝，这才是对别人真正的爱。

和忍让从别人那里索取幸福。在我看来，这种一味付出的爱，本质上是一种依赖，是一种被动的爱，这样的爱充满委屈和牺牲。而比较健康的爱则是：因为我爱你，面对你的需求，我会做到尽我所能，做到问心无愧；而非超我所能，不惜一切代价让你满意，因为我也爱自己。

　　爱有时意味着拒绝。面对对方的需求，如果很难做到，或超出了自己的能力范围，你完全可以跟对方沟通，拒绝对方。而不敢拒绝，本质上是一种不自爱，是对自己的看不起。不敢拒绝的人不相信自己的拒绝并不影响自己被爱，不相信自己除了为对方付出一切外还有很多闪光点。要知道，你已经满足对方很多需求了，一次拒绝并不影响对方爱你，反而会让他觉察到你也会累，也需要被满足。

　　如果你习惯了一味付出，不知道该怎么拒绝对方的要求，那么不妨从小事做起，尝试坚定地表达自己的需求和想法。比如面对对方的要求，你可以告诉他："我没有时间和精力做……""我很累，不想做……""我做不到……"

这样的拒绝并不意味着你不尊重对方的需求，也不意味着你不愿意为你们的关系做出妥协，而意味着你是在爱自己、尊重自己的基础上爱对方、尊重对方。你们的关系并不会因为你的一次拒绝而濒临结束，反而会更长久、更牢固。

不论是亲情、爱情还是友情，好的关系会让两个人越变越好。好的关系的结局一定是双赢的，绝对不是建立在一方的付出和牺牲之上。如果在一段关系中，需要你没有尊严、无休止地付出，那么这段关系多半是有问题的。

所以，不论是在亲情、爱情还是友情关系中，我们都要学会爱自己。爱自己，做自己，会适时地拒绝，这才是对别人真正的爱。

停止怀疑：悦纳自己

在没看到渡边直美之前，我无法想象一个身高 157 厘米、体重 200 斤的女子竟然可以与"美"这个词语联系到一起。

在偏瘦女性较多的日本，按照世俗的标准，渡边直美应该是人人都会嫌弃的。中学时期，她确实因为肥胖被同学欺负过，还曾想过自杀。

后来，一位前辈告诉渡边直美，这个世界上，比坚持更重要的就是自信。果然，自信起来的渡边直美悦纳了自

接受自己的不完美，爱上自己的所有，悦纳自己，
重新找回自信的力量，女孩们都可以终生美丽。

己，她不再介意自己是个胖女孩，而是以实际行动告诉世
人，胖女孩也有高级审美。气场全开的她，有着超强的创
造力，不仅在搞笑艺能界大放异彩，还设计了自己的潮流
服饰品牌，不断地刷新日本搞笑女艺人的高峰。

在这个以瘦为美的世界，不是每个人都能像渡边直美
那样悦纳自己，走出不一样的人生。毕竟连粉丝众多的女
明星都在塑造自己光吃不胖的人设。但是当渡边直美酷酷
地说"也许你不一定喜欢我，但我对自己超满意"时，我
忍不住为她拍手叫好。接受自己的不完美，爱上自己的所
有，悦纳自己，重新找回自信的力量，女孩们都可以终生
美丽。

想起我的一位女性好友，人送美称"仙女"。之所以叫
她仙女，是因为她为了保持姣好的身材，一直保持着高度
自律的生活方式。她从来都不会参加好友圈的聚餐，因为
她怕自己忍不住会多吃。偶尔会参加下午茶小聚，但也只
是谨慎地抱着一杯热量最低的黑咖啡慢慢啜饮，甜点更是
她的大忌。她从来不让自己吃饱，如果有一次没忍住吃了

顿饱饭，接下来，她会用连续三天不吃饭来惩罚自己。

其实她曾梦想自己能成为一名出色的美食博主，每天做好看又美味的便当给自己和家人吃。她在 ins 上关注了很多美食博主，平时最爱看料理制作视频。好友们都好奇既然喜欢为什么不去做，后来也都理解了，毕竟在她高度自律的生活中，烹饪会给她的节食生活带来很大的干扰。生活中，每个人都有自己的执念，在执念面前，一切都得让路，比如仙女的执念是身材和体重，而我的执念是家里的猫。

被老板临时外派出差，我只好将家里的猫托付给住得离我最近的仙女，拜托她帮我照看几天。临走时，还不断开玩笑似的嘱咐她：我家主子不怕长胖，每顿要给它吃得饱饱的，别太限制。仙女哭笑不得。

待我出差回来，去接回猫咪时，仙女竟然主动开口要我请她吃饭，作为这几天伺候猫咪的谢礼。零饭局的仙女要下凡了？看到我很惊诧，仙女说："这几天，我观察猫咪的生活状态，反思了一下自己的生活状态，才发现我每天都在怀疑自己有没有长胖、有没有变丑中度过，从来没有认真地看过自己，更没有真正喜欢过自己。"

"你看，"她指着正在静静打理自己的猫咪说，"她每天都会坐在一个柔软温暖的地方，梳理自己身体的每一处毛发，慢慢地，一丝不苟地，充满了仪式感。我好像从来没有静静地、认真地看过自己的身体，梳理过自己的内心。有一次我试着像猫咪一样，对着镜子仔细地看自己的身体，我竟然发现一直讨厌的法令纹其实并没有那么讨厌，甚至还喜欢上了它们，那是我跟妈妈相像的地方；我的上臂有些赘肉，那也不妨碍我穿喜欢的吊带衫；我的双手不够细长白皙，但是它记录着我做过的每件事情。我又想起了自己曾经的梦想，想着我的双手可以慢慢地帮助我去实现它……"

没想到，我家猫咪竟然跨次元唤醒了一个沉睡的仙女。说干就干，仙女开发了自己体内隐藏的潜能——做美食料理。不到半年，微博粉丝数竟然呈指数型增长。虽然她依旧会控制饮食，但是碰到喜欢的食物也会允许自己多吃一点，慢慢咀嚼，体验味蕾绽放的幸福感。她慢慢地"回归人间"，回到好友聚会中。独处时享受独一无二的孤独时刻；和朋友聚会时，则放开自己，享受有人陪伴的幸福感。

后来的仙女不但没有变胖、变丑，反而气色更好了，素颜都像是自带妆感。因此，发自内心的快乐和幸福感是最好的养颜秘方，而这种快乐和幸福来自于对自己的欣赏和接纳。

接受自己并不完美的事实，再也不用为自己的缺点掩盖或粉饰，因此变得轻松愉悦；承认自己并没有那么伟大，不再着急去证明什么，一步一步脚踏实地往前走，人生会收获更多风景；别在意别人怎么看自己，大胆去追求自己想要的生活；停止对自己的怀疑和成见，接纳完整的自己，找到适合自己的节奏，精进自己的人生。

当你悦纳了自己，慢慢地静下来，学会低下头对着一朵花微笑，仔细嗅闻它的香气，轻轻抚摸它的花朵，你就会发现，幸福从来都是温柔又柔软的东西啊！

停止焦虑：你可以无比自由

　　根据英国权威医学杂志《柳叶刀》的预测，中国约有5000万名以上的焦虑症患者。焦虑症是一种病理性焦虑，患有焦虑症的人尚且这么多，被焦虑情绪困扰的人一定更多。我们大多数人所经历的焦虑都是焦虑情绪。

　　焦虑，已经成为当下的时代病。无论是身家千百亿的互联网大佬、粉丝众多的名人明星，还是默默无闻的普通人，无一不被焦虑情绪所沾染并控制着。

　　学生时代，每次考完试都会反复回想自己答的题目，怀疑自己是不是选错了选项、答案有没有写对位置、考号和姓名是不是忘了写……整个人紧张又忧虑。

工作后，面对有挑战性的项目，梦里都会梦到自己加班赶进度的场景，甚至会半夜惊醒，生怕自己会失败。

看到周围的朋友、同学纷纷结婚生子，加上被父母和亲戚长辈催婚催娃，每到春节等节假日回家之前都焦虑不已，回到家更是度日如年。

焦虑来自我们害怕生活中那种潜在的不确定性。当然，适当的焦虑能唤起我们的危机意识，能让我们对未知的事情做好准备。但是过度的焦虑会让人担惊受怕、无所适从，我们会变得身心疲惫、脆弱自卑，失去把握自己生活的自由，更失去了幸福感。

关于如何缓解过度焦虑，从而获得广大的自由，从事心理咨询工作的朋友曾告诉我这些：

首先，在纷繁的生活中找回自我。现代社会里，每个人都像上了发条，每一天都神色匆匆：去处理焦头烂额的工作，去参加朋友组织的聚会……表面上的匆忙和热闹，实则掩盖了内心的焦虑和空虚，很少有人停下来静静地和自己待一会儿。其实，独处时内在的交流，可以让我们更了解自己。只有充分地知道自己想要什么，从心而动，我们才会真正明白，幸福就是自由地选择自己想要的生活。

其次，学会不思考。被日本媒体称为"当代一休"的东京月读寺住持小池龙之介，在其《不思考的练习》中教人们练习不思考。小池所谓的"不思考"并非真的不思考，而是引导人们只思考当下之事。比如跑步时就只思考如何跑步才能不伤膝盖、思考跑步的呼吸节奏，等等。简言之，就是只思考当下，既不为过去的事情迷惘，也不为未来的事情忧心。

再次，找到自己真正喜欢做的事情。如果一个人没什么兴趣，他的生活一定是被空虚填满的。没有自己喜欢做的事情，就仿佛在世界的坐标系中无法找到自己的定位，内心的焦虑和空虚是必然的。只有找到了自己真正喜欢做的事，一头钻研进去，你会获得内心的幸福和

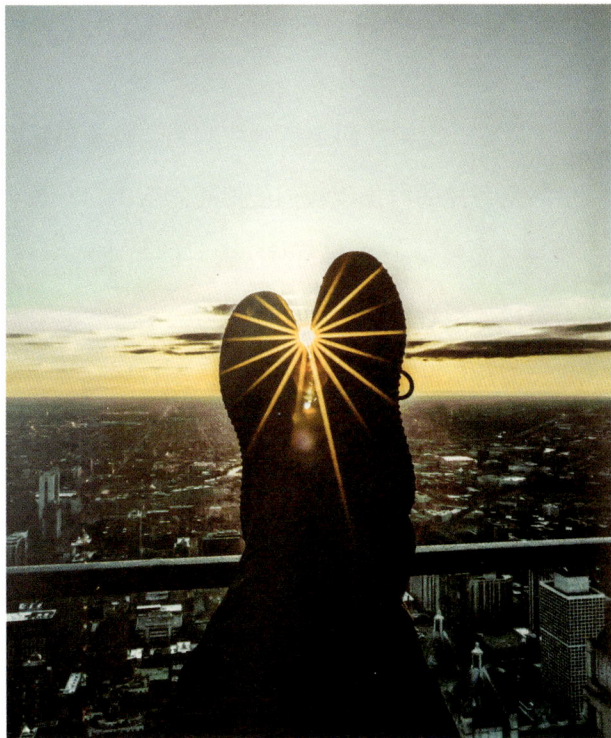

与其把别人眼中的完美人生当作圣经，
不如信仰自己定义的自由，摆脱焦虑情绪，然后理直气壮地安排自己的人生，
拥抱当下的时光，走向更广阔的未来。

丰盈。一个人只有内心足够丰盈，才越能抵挡生活的虚无。

最后，重新找回生活的控制感。当我们感到自己的生活是可控的时候，我们便能感到自由。一般当我们面临一些比较棘手的问题时，内心的焦虑感会直线上升。这时候，缓解焦虑的办法不是置之不理，而是静下心来将大问题拆解成若干个小问题，制订计划，一步步地攻克难关，直到事情解决。这不仅可以缓解焦虑情绪，还能带来正向的激励效果，让我们更有信心面对生活的下一次挑战。

人生就是一场大型的布朗运动，其各个因子都会朝着不确定的方向运动，没有人能预知到人生下一个转弯处会有怎样的风景，如同没有人知道下一颗巧克力的味道。所谓完美计划的人生，根本不存在。

然而正是这种不确定性，才使得我们的人生各自拥有各自的独特与美妙。别怪这个世界太冷漠，其实终究是我们自己不放过自己。与其把别人眼中的完美人生当作圣经，不如信仰自己定义的自由，摆脱焦虑情绪，然后理直气壮地安排自己的人生，拥抱当下的时光，走向更广阔的未来。

就算你的人生正逢低谷，就把它当作是神赐的假期，你可以慢下来稍做调整，但是不要走开，因为下一秒可能就是假期结束的时刻；哪怕你身边的朋友已经遥遥领先于你，不要着急，不要沮丧。要知道，每个人每件事都有自己的节奏，你不需要照着别人的脚印走，你只需要找到自己的人生节奏，然后坚定地走下去。

停止无用的焦虑，只有你自己，才是人生的掌舵者。正如《悠长假期》中最常说的那句台词"Don't worry, be happy"，何不自由快乐地过一生呢？

停止合群:
学会与自己相处

　　美国弗吉尼亚大学曾做过一项关于独处的心理实验,没想到实验结果表明,人们宁愿被电击也不愿意和自己独处。

　　实验的过程是这样的,受试者被关在空荡的房间15分钟,但是房间里面有一个电击器,受试者在进入房间前曾体验过电击器,被电到的人纷纷表示不会再碰电击器第二次。令人惊讶的是,67%的男受试者和25%的女受试者在15分钟内再次按下了电击器。人们宁愿遭受不愉快的电击也不要一个人无聊独处。

　　独处是一种能力，然而很多人不具备，为了避开独处的时刻，他们会让自己去迎合别人、被动地社交，其中滋味，也只有他们自己知道。叔本华在《关于独处》里写道："获得幸福最错误的方法，莫过于追求花天酒地的社交生活。"对于很多喜欢独处的人来说，低质量的合群不如高质量的独处。

　　只有在独处的时候，我们才是百分百地跟自己在一起，才能达到内心真正平和和安宁的境界。

　　从小在富裕家庭中长大的塔莎·杜朵，一点儿也不热衷于上流社会觥筹交错的社交生活，她说："与其参加一场无聊的派对，还不如给我一头牛来喂养。"她也不热衷于学校无聊的集体生活，15 岁便退了学，在艺术家父母的熏陶下，塔莎在绘画、建造和艺术方面有着惊人的天赋。尤其去乡下的朋友家住过之后，塔莎更坚定了自己未来想要的生活——绘画、耕种、纺织……总之，就是要回归田园。

57 岁那年，塔莎如愿搬往自己魂牵梦萦的佛蒙特州，在近 10 平方公里的荒野里，建起了 19 世纪风格的农家和谷仓，还修整了庭院，在茂密幽深的树林里逐步规划和建造了花园、果林、菜地、池塘。她的花园遍布花朵，有蔷薇、郁金香、玫瑰、山茶花等；院子里种满了果树与蔬菜，到了秋天收获的季节，累累的果实随处可见；夏日的池塘里，睡莲悄悄绽放，宛若置身于莫奈的画中。

塔莎以自己的田园生活、农场的小动物、花草等为蓝本，创作了很多清新脱俗的插画，作为 100 多本书的插图，深受读者喜爱。没错，塔莎·杜朵就是我们熟知的塔莎奶奶，曾被日本媒体誉为最受憧憬的女性人物第一名。

远离无意义的社交，回归内心的安宁。这并非是对现实世俗的逃避，也非消极厌世，而是更勇敢地走向自己的内心。从尘世的喧嚣中抽离出来，找到与自己相处的方式，过自己想要的生活，不用再去刻意地迎合，也无须再去被动地社交应酬，收获的是一份淡然、一种生机盎然的生活和一个全新的自己。

生而为人，我们人生的大部分时间都是和自己在一起。学会享受独处的乐趣，就拥有了纯粹的自由。独处时，我们可以听音乐，闭上眼睛，让自己在音乐的海洋里随意地漂流；我们可以学习一项自己感兴趣的技能，给生活添一点色彩，不断拓宽人生的道路；我们甚至可以什么也不做，无所事事地发呆静坐……一切都由我们自己决定，这是我们的自由。作家陶立夏告诉我们："太多的答案不在外面的那个世界，而在你的内里。沉潜于你的孤独，终有广阔的那天。"很多时候，我们寻找、彷徨，不过是想找到一个属于自己的出口，让我们走出阴霾。然而，那个出口不在外面的世界，也不在别人那里，正在我们的内心，而走进内心的唯一方式就是享受独处。

日本电影《小森林》中，从小在山里的村庄小森长大的女孩市子，因为无法适应大城市的繁华和喧嚣回到小森生活。她利用山川乡野的各种食材，加上妈妈传授的经验和自己的手艺，做出各种小森专属的美食。每次看市子做料理，看着她专注其中的样子，我的心也会跟着安静下

生而为人，我们人生的大部分时间都是和自己在一起。
学会享受独处的乐趣，
就拥有了纯粹的自由。

来。市子最终在日复一日的独处时光中，找到了自己与这个世界相处的方式。

叔本华在《人生的智慧》里也谈到过关于独处的问题：大致而言，一个人对与人交往的热衷程度，与他的智力的平庸及思想的贫乏成正比。人们在这个世界上要么选择独处，要么选择庸俗，除此之外，再没有更多别的选择了。

独处时，享受孤独，却不因寂寞而自怨自艾，始终保有对生命的赤诚和对生活的热忱。千万不要因为害怕独处的孤独与寂寞，假装自己很合群。因为你假装合群的时候，不仅弄丢了自己，而且过得一点也不快乐。

停止浪费：
把时间分给重要的人和事

     一天有 24 小时，一年有 365 天，时间对每个人都是公平的，我们拥有同样的时间。只是有的人把 24 小时过出了双倍的价值，既有过去可追忆，又有未来可期许；而有的人却过得浑浑噩噩，白白浪费了光阴，直到最后才感叹时间都去哪了，对人生交出了一份不及格的答卷。

     你把时间花在什么地方，决定着你会成为什么样的人。如果把时间分给重要的人和事，你就会成为一个更好的自己。因为重要的人是我们所珍视的人，他们或许是给我们带来温暖的家人，或许是给予我们陪伴的伴侣或朋友，又或许是激励我们成长的师长等；而重要的事则是能使我们获得成长或提升的事情。

谁也不是生来就是人生赢家，人生赢家之所以能打出精彩的人生棋局，唯一的秘诀就是不把一分一秒浪费在无意义的事情上，而是把更多的时间放在重要的人和事上。

在校园时代，我经常去图书馆看书，每天都会看到一对情侣早早地坐在自习室里。我偶尔经过他们的座位，看到他们是在准备 GRE 考试。每天早上，我是第三个到达自习室的，而他们则是第一个到的，就连周末也是如此。也就是说，当我们大部分人还在美梦中流连忘返时，他们已经在背英语单词备考了。正所谓一日之计在于晨，研究表明，一个人一天之中做事最有效的时间便是早晨。对这对情侣来说，最重要的事情就是备考 GRE，在早晨背背单词、记记语法无疑能起到事半功倍的效果。

要知道，在大学相对自由的时间里，很多人都在忙着享受高考前未能享受过的"自由"——谈恋爱、刷电视剧、

人生赢家之所以能打出精彩的人生棋局，
唯一的秘诀就是不把一分一秒浪费在无意义的事情上。

打游戏……只有少数人早早地就明白了大学的意义，他们先于同龄人确定了自己最重要的事情是什么，并且把每天最好的时间分配给它；而那些还享受着象牙塔欢乐时光的同龄人们，迷失在玩乐的世界里。人生从这里有了差距。

还是那对情侣，虽然他们天天泡在自习室里，但两人绝不是那种一天到晚死读书的书呆子。我第一次对他们感兴趣，就是看到了女孩在专注地刻橡皮章，她在刻一只可爱的猫咪，男孩则在一旁认真地看专业课书籍。有时候情况会反过来，女孩在认真地复习功课，而男孩在看村上春树的《1Q84》。大概，刻橡皮章和看书就是他们两人各自的娱乐放松方式了。

每个人都需要选择一个自己真正喜欢又有意义的娱乐方式，因为日后或许会换来一个能以一技傍身的技能。也许我与那对情侣特别有缘，后来我又在某个创意集市上遇到过他们，女孩在摆摊卖自己亲手刻的橡皮章，男孩也没闲着，他在旁边卖看过的书，每本书上都贴着便签，上面写着他的荐书心得，看得出来他曾真正读过那些书。集市上，有顾客前来询问，他们就热心地推荐答疑；没有人光顾他们的摊位时，两个人则说说笑笑。看起来，他们把摆摊当成了一种放松娱乐的方式。

台湾作家吴淡如说过："你选择的娱乐方式，不知不觉间决定你的未来。"把时间花费在有意义的习惯上，比如跑步、看书、写日记或自己动手做饭，尽管这些生活中的爱好或娱乐有大有小，但同样能改变我们生命的质地。

我的朋友里也不乏跟那对情侣一样的人。他们尽管交友广泛，但从来不把时间浪费在无意义的社交上。他们明白，对自己来说，哪些朋友才是志同道合的，才是值得结交的、值得信任的。对于重要的人，他们从不吝啬自己的时间，因为与能互相理解、志同道合的朋友在一起，无须耗费心神，就能收获双倍的快乐与成长。

有的人已经到了中年，还保持着火辣的身材；有的人年纪轻轻就赚了一大笔钱，积累了一定的财富；有的人在学生时代就可以发表专栏，成了拥有万千粉丝的 KOL……看到这些，先别急着抱怨命运的不公，别急着羡慕，请先反思一下自己的时间是如何利用的，想想你是否把别人用来健身、学习理财、写作的时间用在了对你来说更重要的人和事上。

世界上，什么都可能不公平，但唯独时间最公平，你付出的时间和精力都是对美好未来的积累。别浪费有限的时间，做自己时间的主人，把更多的时间分配给重要的人和事，人生的改变由此开始。

把时间花费在有意义的习惯上，
比如跑步、看书、写日记或自己动手做饭，
尽管这些生活中的爱好或娱乐有大有小，但同样能改变我们生命的质地。

高级感的职场

Chapter

04

要规划：
想做的事儿和该做的事儿

最近，由吉高由里子主演的日剧《我，到点下班》迎来收视高潮。

吉高妹子饰演的东山结衣，身为日本第二大网页制作公司的项目总监，每天按时打卡、到点下班，休完所有带薪年假，简直是社畜界的一股清流。东山能每天到点下班，一方面是由于自己对升职加薪的佛系心态，更重要的是她在上班的时间好好工作，全力以赴。像她自己所说："当天的工作，我都好好做完，有紧急的案子我会应对，

先做该做的事儿，再做想做的事儿，
因为很多时候，如果不先做该做的事情，
以后我们就做不成想做的事情。

需要的时候也会加班，虽然只是偶尔。"

如果我们能把每天的工作做好规划，分清该做的事儿和想做的事儿的先后顺序，我们也可以享受到点下班的美好生活。先做该做的事儿，再做想做的事儿，因为很多时候，如果不先做该做的事情，以后我们就做不成想做的事情。

尽管有时候该做的事情会比较棘手或者不是我们的兴趣所在，但是我们需要经由做该做的事儿来训练自己的心，习得坚持、包容和忍耐的品质。然后，我们才迎来做想做的事儿的圆满时刻。

小时候，写作业是我们该做的事情，而我们想做的事情是看电视或打游戏。每天放学后，老师总是叮嘱我们先做完作业才可以看电视或玩耍。有的同学很听老师的话，回到家先专心写作业，然后才打开电视看动画片，心里毫无负担地看动画片是最开心的。有的同学既想写作业又想早早地看上电视，于是回家就打开电视，边看电视边写作业，结果是作业写得不工整，错误连篇；动画片也看得不尽兴，有好多故事情节都不记得。有的同学禁不住电视的诱惑，一回到家就看电视，没想到动画片太好看，写作业的事情一拖再拖，被家长批评或者催促了，才去写作业，直到很晚才睡觉；第二天又打不起精神，还由于写作业偷工减料被老师发现批评。

写作业还是看电视，看似小小的问题，背后隐藏的却是时间管理能力和职场规划能力。原来这是我们小时候就应该懂得的道理——先做完应做之事，是我们实现做自己想做之事的必要条件。

史蒂芬·科维的四象限工作法则，按照工作的紧急性和重要性，将工作分为四个象限——第一象限是紧急且重要的事情，第二象限是不紧急但重要的事情，第三象限是紧急但不重要的事情，第四象限则是不紧急又不重要的事情。我们这里说的"该做的事"应该属于前三象限，"想做的事"则对应第四象限。

一项工作是否紧急取决于这项工作是否要求一定要在某个时间点之前完成；重要与否则取决于这项工作是否应

一项工作是否紧急取决于这项工作是否要求一定要在某个时间点之前完成;
重要与否则取决于这项工作是否应该做或者是否对自己的提升有帮助。

该做或者是否对自己的提升有帮助。

　　每天开始工作前，先花 10 分钟的时间列一下工作清单，确定各项待完成工作的紧急程度和重要程度。可以用不同颜色的便签代表各项工作不同的紧急程度和重要程度，按照要完成的先后顺序贴在电脑的右侧。开始工作后，先着手做该做的工作，完成一项，就将便签撕去一项。如果遇到紧急插进来的工作，可以根据其紧急性和重要性灵活安排。

　　东山为了想要的"到点下班"，在工作时把该做到的全力以赴做好。然后到点下班，去享受美食，去认真地生活。反观同为项目总监的三谷，常常为了赶进度加班到深夜，而且还会勉强拉着同组的新人一起加班。三谷的工作方式教条又笨拙，工作没有条理并且过于低效，三谷的身上有太多职场人的影子。这样缺乏规划的工作，带来的结局只能是，把自己更多的生活时间让位于工作，生活的幸福感也大大降低。

　　该工作时，有规划、有条理地认真工作；该休息放松时，便全身心地放松去享受生活。休息好了，能更加精神饱满地投入工作，能更高效、有条理地工作；工作高效、高质量地完成，才能更加无负担地去享受生活，这样的正循环才是幸福生活的真谛。

别再用时间战术，将工作和生活各自规划好。先从该做的事情中磨炼自己的心智，把握提升自己的机会；再从想做的事情中获得生活的幸福感，给繁复的生活带来一丝丝色彩。既有充实的工作，又有可以享受的生活，这才是完整的人生。

要热爱：
找到自己愿意奉献一生的一件事

《我在故宫修文物》的序中有一句话：大历史，小工匠。择一事，终一生。

故宫里的文物修复师们用自己的一生诠释了"因为热爱，所以坚持"的人生态度和工匠精神。在我们的一生中，能够找到一件自己愿意奉献一生的事，并能够坚持下来，把它当成事业一样经营，何其有幸。因为世界上太多人，没有找到自己真正喜欢做的事情，虽然做过很多尝试，但每件事情都坚持不了太久，最后也只能庸庸碌碌地

只有真正地热爱，又适合自己天性，
人们才能日复一日长久地坚持下去。

过完一生。

对于职场新人来说，自己所从事的工作必须是自己真正热爱的，这是保持工作动力的必要条件。但是，找到自己感兴趣的事情并不难，难的是找到自己真正热爱并愿意为之奉献一生的事情。因为很多时候，我们分不清自己做的事情到底是一时心血来潮，还是心中真正所爱。如果是一时心血来潮，人们常常因为只看到了工作好的一面，却接受不了工作不好的一面而匆匆放弃。只有真正地热爱，又适合自己天性，人们才能日复一日长久地坚持下去。

村上春树在他的著作《我的职业是小说家》中自述了自己选择做一名职业小说家私人化的思维历程。其中，就谈到了职业的两面性和职业与自己天性是否契合的问题。

别人眼里的小说家，尤其是著名小说家，多少带有名人光环，这是作为小说家被世人看到的好的一面，可谓毫不费力就可以名利双收。村上结合自己的经历和感受，向那些只看到小说家光鲜亮丽一面的人们泼了一盆冷水。实际上，职业小说家的工作实质不仅耗时费工，而且容易让人感到琐碎郁闷。想要创作一部长篇小说，起码需要一年的时间；篇幅很长的话，三年时间的独自伏案与埋头苦写也不足为奇。清晨起床后，每天都要保证五到六个小时的集中心力执笔写稿。除此之外，职业小说家还会时刻觉得自己无比孤独，仿佛孤单一人坐在漆黑幽深的井底，没有人可以赶来搭救你，也没有人会过来给你陪伴和鼓励。

任何事情都有两面性，在确定自己的职业时，不妨问问自己："你是否看到了这份工作的两面性？你的天性是否适合从事这项工作？"

经过详尽的自我分析后，村上认为自己的天性，比如性格特点、思维特点和忍耐力等，都比较适合写小说。所以，村上选择了小说家的职业。要知道，在此之前，他在咖啡馆打过工、开过爵士乐酒吧，只不过村上了解自己并非具有善于经营应酬的社交型性格，经营酒吧不会成就大气候，因此最终选择了比较契合自己天性的小说家作为职业。

做自己感兴趣的工作，只不过是进入职场的第一步；
而把工作变成自己的兴趣、变成可以为之奉献一生的事业，
则是职场成长中我们必须达到的一个高度。

和村上春树一样，很少有人能在一开始就找到自己真正热爱的事情，并将其作为一项事业经营下去。如果你足够幸运，一开始就找到了自己真正喜欢并且各方面都很合适的工作，那就继续走下去，并从中收获充实、快乐与成长。

如果你还无法确定自己正在做的工作到底是不是真正热爱的，不要着急，不要焦虑，先做好当下的工作。很多情况下，你对自己的工作只有表面的兴趣，是因为你对工作浅尝辄止，没有深入到工作的每个环节，无法发现工作深层次的乐趣。不妨试着给自己打打气，拿出匠人精神的气度与态度，把工作中的每一个环节做到极致。慢慢地，在获得成就感的同时，你还会发现工作的深层次乐趣，从而把工作培养成自己真正热爱的事业。正如稻盛和夫所说的，要想度过一个充实的人生，只有两种选择：一种是"从事自己喜欢的工作"，另一种是"让自己喜欢上工作"。

做自己感兴趣的工作，只不过是进入职场的第一步；而把工作变成自己的兴趣、变成可以为之奉献一生的事业，则是职场成长中我们必须达到的一个高度。因为只有发自内心的热爱才是我们工作中一往无前的利器。发自内心的热爱，是一切付出的先决条件。只有内心真正地充满热爱，我们才会脚踏实地、专心致志地对待自己的工作，并且全身心地投入其中。

找到自己真正热爱的事业，找到自己愿意为之奉献一生的事，然后用余生所有的时间去做到极致，你所获得的那种快乐和欢喜如同漫漫长夜之后，预示着黎明的曙光。坚持走下去，用一辈子的时间做好一件事，如此的人生也是功德圆满的。

要有效：忙碌上瘾症

　　我们常常很容易掉进忙碌的陷阱里：实际上我们并没有那么忙，但我们总是想表现出一副忙忙碌碌、分身乏术的样子，尤其是在同事或领导面前；每当领导靠近自己的工位，哪怕只是经过，我们也会十指如飞、把键盘敲得铿锵有力；经常跟同事抱怨自己加班到很晚，吐槽工作占据了自己的周末休息时间等，其实你只是想让别人知道你有多忙而已；总爱借机会提到自己为工作做出了多大贡献和牺牲……

　　忙碌似乎让我们上瘾，哪怕不是很忙的时候，也要假装自己很忙碌。在患上忙碌上瘾症的人的人生词典里，忙碌等同于积极上进，忙碌是升职加薪的秘诀，忙碌可以换来职场中的安全感，忙碌还可以弥补内心的焦虑和空虚。很少有人考虑到，常年忙碌工作是否是因为自己工作的低效输出？

　　我的一位校友毕业后进入一家会计事务所工作，每天忙得焦头烂额，眼见着她的发际线越来越靠后、皮肤爆痘频率越来越高。每次与她聊天，我都劝她别把自己弄得那么疲惫。有一次，她跟我讲起他们事务所的一位资深注册会计师。事务所允许这位前辈上下班不打卡，有事无须请假，她也从没加过班。她之所以能享受事务所给的特权，是因为她经手的每个案子都是大案子，案值基本上是其他会计师的 10 倍以上，一些名不见经传的小案子根本入不了她的法眼。这位资深注册会计师早就实现了很多人梦寐以求的财务时间双自由，而像我校友那样的普通会计师整天忙得团团转，也远远达不到她的业绩，只能望尘莫及。

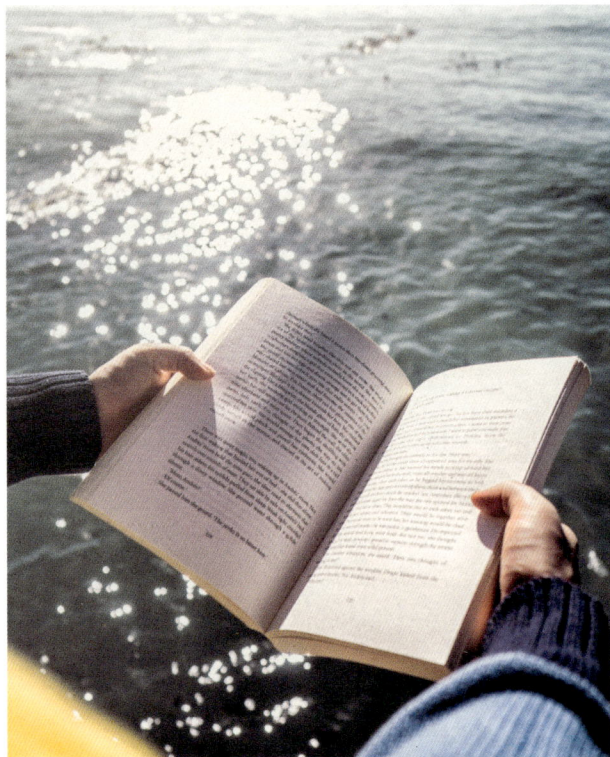

高效输出的人懂得空出时间给自己更新和提升，
进行深度工作，终究把自己打造成无可取代的厉害角色。

她完全有资格、有底气享受各种特权，因为她高水平的专业性让她的工作充满了不可替代性，当然这也是她前期专注学习业务知识，不断提升业务能力的结果。

终日忙碌的人把忙碌当成一种生产力，又不喜欢打破拖延者的思维，也从不留时间和空间给自己学习和思考，因此一直处于忙碌与低效的恶性循环中；而高效输出的人懂得空出时间给自己更新和提升，进行深度工作，终究把自己打造成无可取代的厉害角色。

卡尔·纽波特在《深度工作》中如是说："当工作中没有明确目标时，围绕肤浅工作表面的忙碌会成为一种本能。"一个人，人生中最悲哀的事情不是经历了多少风雨苦难，而是在终日忙碌，却不知道自己最适合做什么、最喜欢做什么，更没想过自己想要达到什么样的目标、想要过上怎样的生活，最后只能在庸庸碌碌中急匆匆度过一生。

因为没有目标，所以他们的工作会充满盲目性而缺乏规划性。忙碌的人们在工作时，会在电脑上开启多个选项卡和文档，希望自己可以同时完成多种工作，这看起来似乎是很高效的工作方式。但事实是，由于缺乏规划性，分到每项工作的专注力不够，没有分清重要和次要，想做的事情再多，终究也是一事无成，最后只能寄希望于无休止地加班。

所谓没有目标的努力叫忙碌，有目标的努力才叫奋斗。所以，确定自己努力的方向，比努力本身更重要。请不要再将自己终日埋在工作里，清醒的时候，不妨审视一下自己，问问自己到底想要什么样的生活。

高效率的产出始终来自时间的累积和高度的专注度，并非仅仅是靠时间战术。一个人之所以能成功并不是看他投入了几个小时，也不是看他同时在做几件事，而是看他把专注力用在了哪件事情上。忙碌并不代表职场上的成功，你或许会因为"看上去很忙"而受到领导片刻欣赏，但实际上，领导真正欣赏的下属是能专注于某项工作且能高效完成的人。

不满足于当下的现实，又不确定自己的理想，只能以

所谓没有目标的努力叫忙碌，
有目标的努力才叫奋斗。

终日的忙碌来填充自己的时间，掩盖内心的焦虑感，让自己在充实的假象中找到踏实感和安全感。但是终将困扰你的问题，还是你根本不知道自己想成为什么，也不知道自己想要什么，于是只能不停地忙碌着，直到有一天将自己的体力和精力全部耗尽。

如果你是终日把忙碌当作生产力的人，请不要继续在这种假象中沉迷，抬起头，擦亮眼睛，找到自己的目标，确定自己努力的方向，提升自己的学习力和思考力，让自己从肤浅工作进阶到深度工作，你会发现，自己正在变得越来越好。

当无用的忙碌变得有效起来，你会发现工作原本可以不那么忙碌。高效地完成工作后，你会收获很多休息、娱乐或者提升自己的时间。从那一刻起，你才成为自己的主人，掌握生活的权杖才真正重回你的手中。

要标准：
做法千万种，而你要有自己的标准

有个插画师朋友仅仅在自己学习插画两个月之后，就接到了商业约稿。之后，随着他插画技艺和知名度的提高，来约稿的客户一个接一个，他的插画价格也越来越高。2019 年年初，他拥有了自己的工作室，邀请我们几个好朋友去参观。交谈期间，有朋友问他是怎么做到能不断地接到商业约稿，还能谈到高价格的，他腼腆地笑笑说："我只是比别的插画师多做了几步工作而已。"

后来，我在他的桌上发现了他不断接到约稿的秘诀。他给自己列了一个清单，里面有所有与客户交流以及创作过程中自己需要注意的问题和自己在每个环节必须要做到的标准。这个世界上插画师那么多，他之所以能稿约不断，除了越来越精湛的技艺，更离不开他给自己定下的工作原则或标准。

当然，每个人做事都有各自不同的风格，成功的做法亦有千万种。只不过，在工作中，有没有自己的一套标准体系决定了我们是否能抵达更远的终点，达到更高的格局。

面对工作，有自己标准体系的人从来都是这样要求自己：把工作"做好"，而不仅仅是"完成"。领导所交代的每一项具体工作任务，完成它只是一个基础，至于把这份工作做到什么程度则完全取决于个人的工作态度。有的人虽然按部就班，但是抱着得过且过的工作态度，最后交出一份中规中矩的答卷；有的人对自己要求严格，能通过努力做到的事情从来不拖泥带水，他们总是雷厉

每个人做事都有各自不同的风格，成功的做法亦有千万种。
只不过，在工作中，有没有自己的一套标准体系
决定着我们是否能抵达更远的终点，达到更高的格局。

风行，善于创新，再加上审慎全面的思考分析，从而不断开拓新的发展渠道，最后总能交出令领导和客户眼前一亮的作品。

在职场中，有自己的一套工作标准的人，即使在没有明确工作标准的情况下，也能做到甚至超出工作的基本要求。而且，能坚持自己标准体系的人，不会满足于既定的标准，他们会在多多了解自己的基础上，不断给自己提出更高的标准，以此来实现自己在职场中的成长和迭代。有的人仅仅满足于执行工作中的基本要求，在没有明确工作标准的情况下，还是一味地埋头苦干，缺乏独立的思考力和学习力，做事从不讲究技巧和方法，虽然看起来很努力，兢兢业业地忙碌着，但是这种忙碌的结局总是事倍功半，这样的人无法在职场上走得更远。

而且，有意识地提高自己的工作标准，意味着你对工作的用心和热爱。为了超越自己不断提高的工作标准，你会获得不断学习和提升自己能力的大好机会。

很多人觉得日常的工作人人都能做好，没什么了不起，然而就是这些简单的工作，只要用心去做了，循序渐进地提升自己的能力，将会成为今后发展的分水岭。同样做简单事务类工作的人，一位因为做事效率高、领导或同事好评如潮而被转岗升职；另一位却一直默默无闻地做着原先的工作，没有丝毫进步。

将简单的日常工作做到极致，这就是所谓的职人精神。被誉为日本寿司之神的小野二郎在纪录片《寿司之神》中慢悠悠地说："现在的孩子都不愿意很认真努力工作，专业也不精益求精，希望钱多一点，空余时间多一点……"在如今这个人人把"不上班"当成理想生活的时代，很多人早已放弃了给自己建立一套工作标准，不再坚持，得过且过，工作不上不下，却也不能真的完全不工作，最后只能在理想与现实之间困顿地挣扎。事实上，成功没有什么难的，只要你一直坚持，每天都比昨天做得更好，不断对自己要求苛刻，就够了。

工作没有什么高低贵贱，我们所从事的每一份工作，都是我们在世间抵达幸福之前的修行，都有着命运的旨意。在充分了解自己的基础上，建立自己的标准体系，严格要求自己，不随波逐流，才能充分把握工作和人生的主动权，不至于原地打转，走不出庸庸碌碌的怪圈。

我们每个人的先天禀赋各不相同，找到自己的长处，弥补自己的短板，凡事坚持自己的标准和原则，扬长避短，循序渐进，假以时日，我们都能与那个更好的自己相遇。

要控制:
永远气定神闲，永远从容不迫

　　有一位多年习练站桩的长者曾告诉过我，气定神闲是站桩的一种修为境界，看似简单，只需要从容不迫地立在那儿，实则是不断修习和锻炼的结果。想要达到气定神闲的境界，第一要调节和控制呼吸的节奏，以保持心气的平和稳定；第二则是要学会调节和控制情智，以保持神志清明。看似轻而易举的气定神闲，却离不开身体内在对呼吸和情智的控制。

　　站桩如此，生活如此，职场上更是如此。想要保持苏明玉式气定神闲、从容不迫的状态，想要获得真正的自信与自由，那我们就要学会自我控制。

学会自我控制的第一步从控制情绪开始。无论在工作中遇到什么样的风风雨雨，总能情绪稳定，永远不会自乱阵脚，保持一份运筹帷幄的气定神闲和从容不迫，这才是一个职场白骨精应有的职业素养和职业风度。

你始终要明白，企业是以盈利为目的的组织。既然身在职场，就要懂得控制好自己的情绪、用结果和实力证明自身价值的道理。只有稳定的情绪，才能保证高效的执行能力和工作产出。

抱怨和情绪化非但不能解决任何问题，反而会影响你之前辛苦努力打拼下的个人品牌。于你自己，也会产生很大的内耗。

学会自我控制的第二步就是控制说话，所谓高情商就是好好说话。祸从口出，一言可以兴邦，一言也可以丧邦。会说话的人，能够恰到好处地化解危机，不会说话的人，却容易惹祸上身。

只有稳定的情绪，才能保证高效的执行能力和工作产出。
抱怨和情绪化非但不能解决任何问题，
反而会影响你之前辛苦努力打拼下的个人品牌。

　　在职场中，在说话之前，先要多看、多观察，没有把握的话尽量不要说，就算有把握的话说的时候也要谨慎。不仅说话，行动上更是如此，没把握的事情不要轻易去做。

　　此外，在自己的工作方面，改变说话的语气，能让你从容地面对困难，然后一步步解决，而不至于惊慌失措、无从下手。当面对难度大、挑战性高的项目时，我们往往会因为压力大而产生消极悲观的情绪，这时候，给自己一些积极的自我暗示和正面导向，那些曾让你焦头烂额的难题都会迎刃而解。

　　学会自我控制的第三步是控制时间，其实就是时间管理和高效率工作。

　　职场中的忙碌者可以分为三种。第一种人唯领导的命令是从，无论领导布置了什么任务，他们都能竭力完成。但他们只会停留在"完成"工作这一层面上，自己从来没有反思总结过，时间长了，难免会有一种没底气的焦虑感。因为从未思考总结过，根本不知道自己从中得到了什么，更不知道自己的核心优势在哪里。第二种人是看到别人忙碌的时候，假装自己也很忙，给别人营造一种"我也在努力拼命工作"的假象，以此来躲过领导或上级的眼睛。这种表面化的忙碌对个人的自我成长毫无意义，难免会带有一种心虚和失落。第三种人是真正的大忙人。之所以那么忙碌，是因为自己对每一项工作都要求做到完美极致、精益求精。的确，这样的工作态度值得学习，但是过分地追求完美会不断地滋生焦虑情绪，还有可能打乱整体的工作节奏。

无论如何，越忙碌的时候，越要抽出一定的时间做时间与工作任务的梳理总结，做好时间管理工作，及时调整自己的节奏。良好的时间管理才有利于提高工作效率以及工作成果的质量。

学会自我控制的最后一步是控制欲望。一个人不可能是工作上的全能型选手，但是面对领导或同事提出偏离你适合的工作方向的要求或请求，也会优先满足他人的利益，而拒绝回到自己的方向。当然，如果成功，你在这

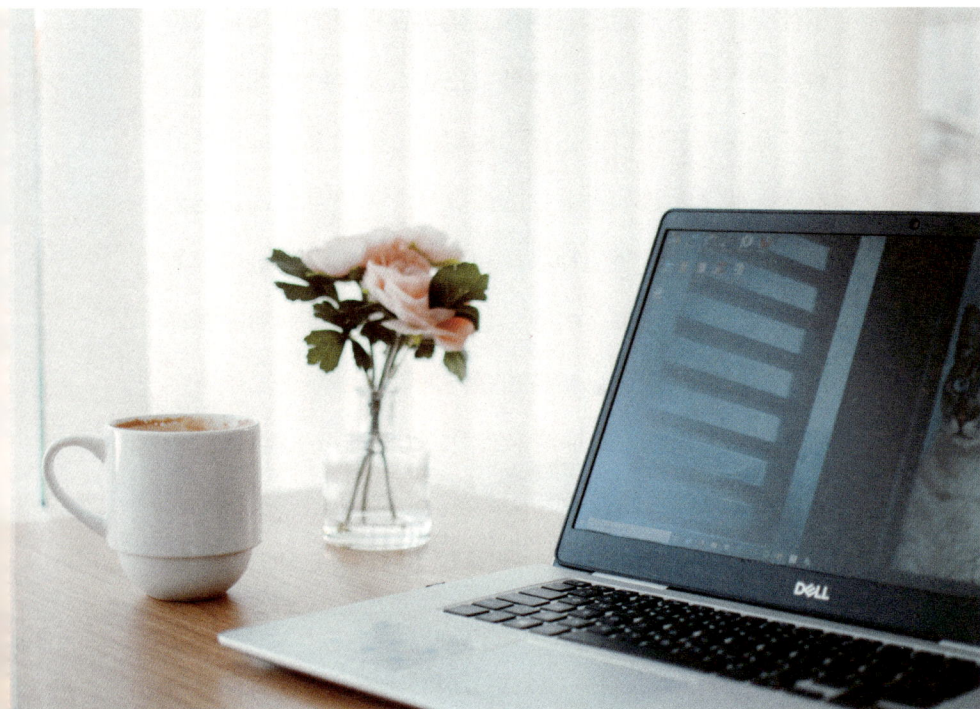

良好的时间管理
才有利于提高工作效率以及工作成果的质量。

件事情里也得到了满足，得到了领导的表扬或者同事的赞赏，同时也满足了自己的欲望和贪婪。

但是当你不确定自己是否能完成领导或同事提出的工作请求时，可以先衡量一下做这件事对于自己工作能力或工作资源的提升有没有好处。如果可以做，就提出要求，说明完成这项工作所需要的条件；如果不可以做，则向对方展示自己在做的工作项目，合理地告诉对方你不能完成他们的工作请求。

无论是在生活中，还是在职场上，一个人永远地气定神闲和从容不迫都是需要通过学习和锻炼而习得的。学会控制工作中的方方面面，才能把自己锻造成优雅淡定的职场达人。

如果你还无从下手，不妨试着控制情绪、控制说话、控制时间和控制欲望，不断打造自己的核心竞争力，主动创造和及时抓住宝贵的机遇，积极认真地面对自己的工作，持之以恒地做好每一件事，每个人都能迎来专属于自己的成功。

高级感的未来

Chapter

05

好好养生：
拥有平和安稳的睡眠

人的一生有三分之一的时间都在睡觉。拥有一个平和安稳的睡眠，对我们保持身心健康尤为重要。爱好养生的朋友应该都知道，平和安稳的高质量睡眠，对人的身体各方面都有不可多得的好处，所谓"养身三大事，一睡眠，二便利，三饮食，其余起居、服装等皆是辅助。"

然而，现实生活中，很多人有入睡难、睡眠质量不高的毛病，还有很多人有晚睡强迫症。如果做一个"明明道理我们都懂，但是就是做不到"的排行榜，那么"明明知道熬夜伤身，但就是做不到早睡早起"一定位居首位。

现代青年人的睡眠常态是"不熬到半夜不睡觉"，往往会无视早已发出疲惫信号的身体，即便没什么事可做也不愿睡觉，非要熬到凌晨一两点甚至更晚，直到筋疲力尽才倒头就睡。这也就是所谓的晚睡强迫症。甚至在某些宣传的文章里，不熬夜成了一个优秀的品质，能好好睡觉的青年如今都是潜力股。

对于女性朋友来说，自己的皮肤状态好与不好是睡眠质量高低、睡眠是否充足的直观反映。一旦睡眠不足，传说中的熬夜脸就会出现。皮肤干燥、暗淡无光，甚至脸变松弛长出皱纹、长痘痘、黑眼圈，或者脸部浮肿、有眼袋等问题都会出现。但是"精致的猪猪女孩"既不想早睡也不想毁容，于是各大化妆品商家纷纷推出所谓拯救熬夜脸的神器，然而这些化妆品大多治标不治本，不能从根源上解决问题。那些狠狠熬过的夜，都会在脸上留下痕迹，哪怕是用最贵的护肤品也于事无补。

有段子说："我对生活要求很低，熬夜不猝死就行了。"

睡觉是向死亡的借贷，
睡得越多越长，
那么还款期也越长。

我们总以为熬夜猝死的那个人永远不会是自己。然而，现实生活中却接二连三地爆出年轻人熬夜猝死的新闻，有的就算没有猝死，也因为熬夜睡眠不足得了脑出血、眼角膜溃疡等疾病。真的别再熬夜了！所有的晚睡强迫症患者都知道，熬夜带给自己的只有百害而无一利，可很多人依旧在深夜里努力地睁着眼睛，打着呵欠，疯狂透支着第二天的精力和快乐。

叔本华如是说："睡觉是向死亡的借贷，睡得越多越长，那么还款期也越长。"于是，那些睡眠质量很好且充足的人大多都很长寿，其中原因，也是不难推敲的。想拥有一个平和安稳的睡眠，其实也没有那么难。只要做到以下几点，你也能进入甜甜的梦乡。

首先，给自己设定适当的锻炼目标和运动量。如果你想沉沉地睡一觉，达到深度睡眠的程度，那就每天需要至少运动半个小时。但是要切记的是，睡前的3小时之内不要做剧烈运动。如果非要做适量的运动的话，可以尝试助眠瑜伽，帮你放松身心，让你安心入眠。

其次，饮食上要以清淡为主，不要吃难以消化的辛辣油腻食物，也千万不要在晚饭前或睡前暴饮暴食。辛辣油腻的食物会加重肠胃和肝胆的负担。如果睡前感到饥饿，先别急着点外卖，去热一杯牛奶，喝下后不仅能缓解饥饿感，还能助你入眠。

第三，睡前别玩电子产品，尤其别在黑暗中使用手机、平板电脑等。很多人熬夜不睡的原因大多是看手机或其他电子产品。有科学研究表明，手机里发出的蓝光会抑制身体里褪黑激素的浓度上升。而所谓的褪黑激素就是控制人们是否想睡觉的开关。只有褪黑激素正常分泌了，我们才可以产生睡意，睡得更好。

第四，睡前不要喝酒。电视剧或者言情小说里，有很多"失恋了失眠，用喝酒的方式让自己睡着"的桥段。现实生活中，也有很多人效仿，认为睡前喝一杯酒有助于入眠。但事实却是相反的。虽然小酌后微醺的感觉很惬意，但睡前饮酒有可能会让你睡得更浅，无法达到深度睡眠。

最后，坚持每天晚上睡前泡脚15分钟至30分钟。用

一个人如果无法控制自己的学习和生活，
自然也无法控制自己的睡眠质量。

温水泡泡脚，不仅能促进血液循环，还能解乏，放松身心，促进你快速进入睡眠状态。

很多人把熬夜或晚睡的罪魁祸首归于手机。他们认为，手机填满了人们的时间，甚至还剥夺了正常的休息时间。然而，手机不是罪魁祸首，人们的不自律和自我放纵才是。白天没有高效地利用时间充实自己，到了晚上，用熬夜和晚睡来弥补内心的空虚，填满无聊的时间。玩手机或平板电脑，只是借口和不自律的挡箭牌。一个人如果无法控制自己的学习和生活，自然也无法控制自己的睡眠质量。

关于好好养生和早睡早起，给自己下再多的豪言，都不如付诸行动，回归早睡早起的健康生活作息。也许刚开始的时候，你会很不适应，但是坚持下去你会发现，自己的皮肤变好了，脸色变得健康了，身体变得更有活力了，这就是平和、安稳睡眠的力量。

夜色美而静谧，只有平和安稳的睡眠才与之相配。拥有了平和安稳的睡眠，保持身心健康良好的状态，我们才有机会回归内心的喜悦与富足，给自己一个充满高级感的未来。

好好享受：
每天发现一件重要的小事

　　我一度非常羡慕北欧人民的生活方式，他们的语言精妙地传达了北欧人民的幸福生活哲学，比如丹麦语"Hygge"、瑞典语"Lagom"、芬兰或瑞典语"Fika"。这三个单词在汉语中均没有能对应解释的词语，却蕴含着北欧人之所以是全世界幸福感最强的人群的终极真理。

　　丹麦语"Hygge"的含义是，在寒冷的夜晚，坐在壁炉边，用一条大大的羊毛围巾包裹住身体，一边喝着红酒，一边抚摸身旁睡着的狗，也许周围还点满了温馨的蜡烛。

瑞典语"Lagom"的含义是，自己动手组装家具，甚至给自己的房子组建一个阳台、刷漆、铺地板，节约用水，以及使用可回收材料来减少对环境的污染。

芬兰或瑞典语"Fika"的含义是，阳光明媚的午后时光，在公司的办公室或者街边的咖啡馆享受一段和工作无关的咖啡闲篇。

在北欧人的生活哲学里，幸福并非被赋予多么宏大的意义，而是来自生活中那些重要的小事情。幸福感其实很简单，它来自我们用心度过的每一天，来自我们生活中不经意却充满惊喜的小事件，来自自己动手做的简单美味，来自独处的静谧时光，来自我们与家人相亲相爱的温暖瞬间……幸福不需要我们花很多钱，也不需要我们牺牲些什么，但它总能通过这些很日常很重要的小事，让我们体会到生活的美感与诗意。

生活中，我们难免碰到心情低落的时候，做什么都没有兴趣，觉得生活像一潭死水，挣扎其中，筋疲力尽。

每每这时，我的治愈良方是看《孤独的美食家》，尤其是剧场版本的。这部剧于2012年开播，如今已经播到了第七季。

《孤独的美食家》的主角是中年大叔井之头五郎，五郎叔经营着一家进口杂货租赁商店，每日的工作便是出差和拜访客户。工作之余，他会在街头巷尾寻找美食。与高端华丽的美食节目相比，五郎叔发现的美食略显简单，因为他发现的都是市井生活氛围浓厚的路边摊和小饭店。但是，五郎叔吃饭的过程从来不将就，而是充满了仪式感。除了日本人常见的吃饭礼仪，五郎叔从来都是按照顺序进食，从不狼吞虎咽或胡乱通吃。如何蘸佐料、如何配汤汁都是有条有理地进行，认真地对待每一次吃饭的过程，不放过任何一刻味觉的享受。

正如片头的独白所说："不被时间和社会所束缚，幸福地填饱肚子的那一瞬间，他随心所欲，重获自由。"每每看到五郎叔享受美味的专注时刻，我的内心也会有一股暖流流过，升起一种充盈的幸福感，原本因为心情低落而变

与远方的壮丽风景比起来，
我们每天体验到的、感受到的、经历过的，
才是值得纪念的重要的小事。

得低落的食欲也被唤醒了。

现代生活的快节奏和高压力，容易让我们的心灵变得浮躁和麻木，以至于忽视生活中很多理所当然的幸福，比如吃饭这件重要的小事。其实，哪怕只是简单地煮一碗面，也应该认真用心地对待，按照口味的喜好加入调料，放入爱吃的蔬菜，耐心地等待一碗热气腾腾的面出锅。生活，其实就像煮一碗面，我们用百分百的心意对待，就已足够。

就是这些重要的小事情，组成了真实而丰盈的人生。它们看似不经意，却总会在某一天促成良好的蝴蝶效应。

很多生活在幸福中的人们往往对幸福有过高的定义，也就是我们常说的"身在福中不知福"。明明手里已经握着别人没有的幸福，却一直看向别处，羡慕别人生活中的风景。只有失去了之后，才发现自己从未珍惜过眼前的幸福。其实，不必羡慕别处的风景，我们身边就有意想不到的幸福。有时候，我们只是缺少善于发现美的眼睛和一颗敏感通透的心。为一朵清晨新开的花朵微笑吧！与远方的壮丽风景比起来，我们每天体验到的、感受到的、经历过的，才是值得纪念的重要的小事。

当你做到安静平和地欣赏身边的风景，心平气和地看周围人来人往，平凡的生活中总是会出现令你惊喜的彩蛋，平平淡淡中带有鲜活与可爱的生命力，生生不息。

你会发现，生活中最重要的小事，是知道自己想要什么样的生活，并身体力行地去追求自己喜欢的生活，并非要去多远多美的地方，也与别人是否去过哪里无关。

趁现在，拥抱用心生活的自己，想做的事就去做，有爱的人就去告白，有想实现的梦就去追寻。好好享受当下的幸福，珍惜拥有的一切，幸福，就在你的身边。

好好生活:
岁月抵不过的,是一颗好好生活的心

  2019 年年初,陆庆屹导演的纪录片电影《四个春天》上映,虽然早就知道这是一部充满温情的片子,但真正去看时,还是会忍不住泪眼蒙眬。每一个春天镜头的背后是导演一颗敏感温润的心,镜头前则是春去秋来的饮食起居。因为这部电影记录的是真实鲜活的生活,所以观看的人很难不从中发现共鸣点。很多人都看着看着笑了,然后看着看着又哭了。这个过程就像生活本身,时而美妙婉转,时而冷淡低沉。

　　最终回味起来，影片中母亲唱歌、父亲说话、两人行走山野间的样子始终印刻在我的脑海中。母亲的可爱开朗，父亲的天真含蓄，还有两个无论经历什么都要好好生活的有趣灵魂。

　　生活虽然不像天堂般美好，但这并不是我们不能好好生活的借口。因为生活也远没有我们想象的那么糟糕，好好生活，便能抵御岁月的平淡和无常。

　　我有个朋友曾创立了自媒体，本来流量和阅读量已经趋于稳定，但是在发了最后一条推送之后，他就停更了。停更后，自媒体后台的粉丝评论马上就炸了，有人支持他并询问他之后的工作生活计划；有人劝他冷静，别放走了这条大鱼；还有的人则纯属看热闹的心态，等着他哪天回来更新打脸。他的最后一条推送是：我不想要月入 10 万，我只想要好好生活。

　　人与人之间永远无法感同身受。比如有人认为"月入 10 万"与好好生活之间并不冲突，而对我的朋友来说，坚持每日更新自媒体已经侵占了他所有的生活时间。当蒸蒸日上的事业与好好生活之间发生矛盾时，他宁愿放弃人人羡慕的事业，也要选择好好生活。

自媒体停更后，朋友申请了澳大利亚的 WOOF 项目，去澳洲体验真实的农场生活。他与当地农场主一起做力所能及的农活，用农场自己培育的蔬菜烹饪美食。他还因此对农场经营产生了浓厚的兴趣，找到了自己真正喜欢做的事情。WOOF 的项目到期后，他立即申请到了墨尔本大学的农业科学专业。他自己也没想到人生会发生如此大的变化。重返校园的他累并快乐着，既能忙于真正喜欢做的事情，又能留出好好生活的时间和空间。他会在每天的午餐后，和同学一起散步或者躺在草坪上享受阳光的沐浴，晚上会自己下厨做喜欢吃的料理。如今，他的厨艺精进了很多，西餐中餐都会做。这些好好生活的小小仪式感，足够支撑他面对繁重课业，给了他很多面对未来的力量和勇气。

谷川俊太郎在诗里依次写：我把活着喜欢过了，我把悲伤喜欢过了，我把笑喜欢过了，我把等待喜欢过了，我把恼怒喜欢过了……到了最后，他再一次写下：我把活着喜欢过了，我把洗脸也喜欢过了。你看，在体验过生活的起承转合与喜怒哀乐之后，依然能好好生活，哪怕是洗脸这件小小的事情，也是诗人珍视的生活啊！能写出这样耐人寻味的诗句，难怪谷川俊太郎会说出"比起生活，诗歌是次要的"这样的话。在生活面前，再重要的事情都要俯首称臣，因为的确没什么是比好好生活更重要的事情了。

所谓"若无闲事挂心头，便是人间好时节"，弘一法师面对生活的态度值得我们每个人学习：菜做得太咸是好的，下雨天有木屐是好的，破毛巾是好的……生活的平和和幸福不是来自昂贵物质的堆砌，而是一颗面对一切事物一如既往的平常心。春天看百花开放，夏天享凉风习习，秋天赏月色美景，冬天观大雪纷纷，春去秋来，四季轮转，万事万物都在变化，唯一不变的便是对生活永恒的热爱。

好好生活，好好爱自己，好好吃饭，好好睡觉——虽然这些组成生活的事情看起来不起眼，却处处蕴藏着生活的真谛。好好生活，因为生活值得我们用心对待。

　　活着不易，人生实苦，但总会有一星半点的可爱惊喜出现。所以，别因为一时的低谷就拒绝阳光的照射。好好生活，用力地拥抱人生，积极面对生活中的一切，然后继续努力前行，幸福就一定会来敲门。

在生活面前，
再重要的事情都要俯首称臣。

好好努力：
现在的一切，都是对未来的加冕

比起当今的年轻一代，我们父母那一辈似乎更相信努力奋斗的意义。他们大都经历过从无到有、先贫后富的过程，勤勤恳恳地努力，脚踏实地地奋斗，最终让自己和作为子女的我们过上更好的生活。因此，他们更信奉"一分耕耘，一分收获"的回报定律。

反观年轻人的生活状态，无论是在网络还是现实中，越来越多的人把"丧"挂在嘴上。一时间，"丧"成了消极怠惰的借口。失败、不被人喜欢、存在感低、不努力……都是因为自己"丧"。

当然，从小就被父母和老师教育"要努力、要靠自己的双手去获得成功"的我们，没有人不知道努力就可以进步可以成功，但是为什么现代的年轻人越来越不愿意努力了？因为当下的努力需要经过漫长的等待或者更漫长的努力才能看到结果，而且最后的结果还充满了不确定性。毕竟，这个世界上，并非所有的努力都会得到你想要的回报。

在我们努力的过程中，总会遭遇各种诱惑的频频骚扰。有的人面对诱惑和骚扰，选择了暂时放弃，放飞自我而让自己获得即时的快乐，等享受完快乐之后再重新开始。可是，谁知道下一次开始又会有什么样的诱惑来临？于是，当初承诺的努力其实一直在起跑线，纹丝不动。

努力这回事，虽然没有人能百分百地保证你能成功，但是你能收获踏踏实实的进步。坚持下去，每次进步一点点，累积起来的就是成功。只要你能克制自己当下的欲望、抵制住眼前及时行乐的诱惑，成功其实也没有那么遥

只要你能克制自己当下的欲望、抵制住眼前及时行乐的诱惑，
成功其实也没有那么遥不可及。

不可及。

表妹考中级会计师，连考了两次才合格通过。拿到证后，她在朋友圈骄傲地晒图，为自己庆贺。我私下发消息给她：可还记得，上次你没考过的情形？表妹回复说：这两次考试我都没忘，以前我的努力都是自我感动，而不是真正地用尽全力。也许第一次没通过正是命运的安排，它在告诉我，别小瞧努力奋斗和坚持的意义。

看到表妹这句话，我从心里面觉得小姑娘长大了，有一种吾家有女初长成的自豪感。我记得她第一次没考过时的样子：一见到我就抱怨，自己明明足够努力了，为什么上天还是不给她一次机会？她确实够努力了，早上五点半起床，起来后的第一件事就是看书；上班路上听音频课程、巩固知识；推掉了所有的社交应酬，连周末也贡献给做题看书……

但是唯一一点，我发现，我每次给她发微信她都会秒回，而且她每天都会频繁地发朋友圈消息。我发现了她的问题所在，便提醒了她，表妹当时的回复是："你不知道，一直学习很枯燥的，劳逸结合一下会更好。"但是，实际的效果却事与愿违。一拿起手机，刷微博、刷朋友圈，再点个赞评论下，然后与朋友聊聊天，其实在不知不觉间占用了很多的时间。表妹也知道，这样做对自己的复习没有好处，但是无奈学习过程太枯燥，她总是控制不住想放松一会儿。

经过我的提示，表妹把原先用的智能手机换成了只有打电话、发短信等简单功能的小手机。一旦自己有了学习困难且枯燥的想法，她就告诉自己：此刻的努力和坚持，终将穿越时间的冗长和无聊，带给我未来的成功。终于，第二次考试，她顺利通过了。

只有亲身经历过的人，才会更相信努力奋斗的意义。根本没有什么所谓的"神童"或"天才"，每位成功者光鲜亮丽的背后，总有一段不为人知的沉默岁月。

2018 年平昌冬奥会上，羽生结弦成功卫冕，创造了冬奥会男子单人滑 66 年来的新历史。当他结束最后一个动作，全场观众起身鼓掌欢呼，冰场上更是下起维尼熊雨，解说员激动地称他为"花样滑冰领域的绝对王者"。羽生结弦也流下了激动的泪水。他多年来忍受着伤病，永远微笑着面对刁难、孤独、不甘与懊恼，终于在不断自我反省中变得更强。

人生来不平等，有的人生下来就有别人努力多少年都达不到的优越资源；世界本来也是残酷的，有时候我们的努力奋斗也会换来徒劳无功的结果。但这些都不能成为我们不努力不奋斗的理由。好好努力，才能把握破茧而出的机会，才能冲破命运的藩篱，得到广阔的自由。

好好努力，如今所有的一切，都是对美好未来的加冕。当成功触手可及时，回想过去，你会感谢那个当初坚持努力、不怕吃苦的自己。命运不会亏待每一个认真努力的人，虽然成功来得可能有早有晚，但不放弃努力，便是对自己、对人生最大的尊重。

所以，你只需好好努力，一切自有安排。

好好成长：
你要的答案，只能自己寻找

　　十几岁时，我有一种迫切与他人或外界交流的冲动，那时候最想问别人的问题就是：你觉得我是怎样的一个人？我忍不住问了很多人，父母、兄弟姐妹、好朋友、老师，甚至是自己不喜欢的人，迫切地想在这些维度的空间里寻找自己的定位。我不停地问，却始终没有问到一个令自己心满意足的答案。

　　其实，至于自己心满意足的答案具体为何，当时自己也说不上来。直到后来，我才明白，之所以一直问却还不能心满意足，是因为别人都是从他们的角度看问题，而答案其实应该在我自己身上。

关于成长，除了认识自己，我们还需要悦纳自己，然后不断改变和精进，从而实现终身成长的终极目标。所有这些关于成长的答案，都需要我们自己去寻找。

认识自己

俗话说："人贵有自知之明。"人最大的智慧就是认识自己，唯有认识了自己，我们的人生才算真正开始。人人生而不同，每个人的智力、体力、人生经验各不一样，以别人为镜子来照看自己是行不通的。同样地，以别人的生活来衡量自己的生活更是无稽之谈。真正的成长，不是优于别人，而是优于过去的自己。

阻碍我们认识自己的原因，是因为我们是自己，这个道理跟"不识庐山真面目，只缘身在此山中"非常相似。因此，要想真正地认识自己，我们既要向内观照自己的内心，又要跳出自我局限的圈子。学会反思和自省，才能拨开重重迷雾，直到遇见未知的自己。

真正的成长，不是优于别人，
而是优于过去的自己。

悦纳自己

假设我们理想中的自己是 100 分，那么我们真正认识到的自己也许只有 80 分。没有人是完美无缺的，与其为缺失的 20 分纠结挣扎，不如悦纳 80 分的自己。用适合自己的方式发掘和发挥潜能，照样能把 80 分的人生活出 100 分的精彩。

这把打开自己潜能世界的钥匙就在我们自己手中。在我们的成长过程中，尽管需要别人的肯定和鼓励，但比起别人的评价，更重要的是我们对自己的接纳程度。因为只有我们自己，才是自己的主人。只有悦纳了自己，才能有效地提升自我。

改变自己

很多时候，我们明知自己的不足之处，明知自己需要改变，但就是没有付诸行动。原因不在别人身上，也不在于周围的环境，而在于我们自己。也就是说，阻碍我们改变的最大敌人就是我们自己。

因为改变自己意味着要走出舒适区。我们害怕自己改变了之后不被人接纳，又害怕改变了之后生活会充满不确定的不安全感。但是，在现实生活中，我们不能遇到问题就绕道而行，更不能工作稍有不顺利就辞职走人。其实有时候，遇到的问题是走出舒适区和改变自己的契机。

精进自己

所谓精进，就是以精益求精的态度，取得日日渐进的效果，最终养成把一件事做到极致的习惯。只有充分修炼自己的灵魂，才能不断地精进自我。

精进自我需要我们持续地努力。成长总是阵痛的，一旦遇到问题或困难，先不要急着去责怪别人，而是应该反思自己，进行自我审视。每一次自我审视，都会为我们带来新的成长机会。

终身成长

终身成长是一种思维模式的转变。卡罗尔·德韦克的

《终身成长》中提出了两种思维模式：成长型思维评价和固定型思维评价。前者评价自己比较客观，知道自己当下正在做什么事情，并且知道能通过自己的认真努力而做到更好；而后者则比较极端，认为努力和不努力不是取决于自己，而是取决于外界对自己的影响。

显然，把终身成长作为终极目标的人一定会选择成长型思维评价模式。把每一次错误当成自我提升的机会，不惧怕错误的发生，敢于尝试各种方法和可能性，因为正是这些，才让我们成了最好的自己。

人的一生本来就是我们自己不断寻找答案的过程，只有出发，才能抵达。

每个人的旅途都有不一样的风景，命运会为我们在沿途留下不同的线索，想要找到那些关于成长的答案，我们必须自己去丈量那些路，顺着线索去发现解开迷惑的答案。坚持走下去，我们终会在成长的终点遇到那个最好的自己，唯有这样，才不负美景，不负人生。